GEDANKENKUNST
VERLAG

Designerin Lilly arbeitet in einer angesagten Werbeagentur in Berlin. Sie liebt ihre Arbeit, doch der Konkurrenzkampf und der Leistungsdruck machen ihr zu schaffen. In ihren Träumen findet sie sich in einer anderen Welt wieder und schlüpft dabei in ein ihr bisher unbekanntes Selbst. In dieser märchenhaften Zwischenwelt wandert sie immer tiefer in ihr eigenes Unbewusstes und findet zu ihrer eigenen weiblichen Kraft zurück.

Des Apfels Kern is eine Geschichte für alle, die gemeinsam Neues erschaffen wollen.

Carmen Hiller wurde in der mittelalterlichen Kleinstadt Rothenburg ob der Tauber geboren. Den Weg einer Kreativschaffenden zu gehen, war für sie nie optional. Als Grafikdesignerin (M.A.) und Illustratorin hilft sie Firmen und Selbstständigen dabei, für ihre Lieblingskunden sichtbar zu werden. **Des Apfels Kern** ist ihr erster Roman.

Carmen Hiller

Des Apfels Kern

Über den Wert gemeinsamen Schaffens

Vollständige Taschenbuch-Ausgabe
1. Auflage

Dieser Titel ist auch als Hardcover und E-Book erschienen

Die Deutsche Nationalbibliothek verzeichnet diese Publikation in der
Deutschen Nationalbibliografie; detaillierte bibliografische Daten sind im
Internet über dnb.dnb.de abrufbar.

© **Gedankenkunst Verlag UG, Düsseldorf 2024**
Grevenbroicher Weg 23, 40547 Düsseldorf

Lektorat: Anja Koda
Text: © Carmen Hiller
Illustrationen: © Carmen Hiller
Vorwort: Christine Krokauer
Cover Design: © Ria Raven Coverdesign
Zitat aus dem Lied „Paradise" von Coldplay
Fotograf Foto der Autorin: Frank Respondek
Herstellung: BoD – Books on Demand, Norderstedt

ISBN 978-3-96136-995-9
www.gedankenkunst-verlag.de

Dieses Buch widme ich der weiblichen Kraft,
deren intuitive Fähigkeiten mir die Möglichkeit geben,
Schöpferin und Liebende zu sein. Danke.

Vorwort

Bist du dir sicher, dass du dich kennst? Als Frau? Als Mann? Was ist das denn genau? Gibt es überhaupt rein männliche oder rein weibliche Eigenschaften? Welche, als männlich oder weiblich definierten Qualitäten sind wann hilfreich? Wie findet man als Frau zur Weiblichkeit in einem harten Männerumfeld? Sollten nicht zuletzt auch in der Karriere alle hilfreichen, menschlichen Eigenschaften wertgeschätzt werden?

Dieses Buch ist keine Geschichte, die nur unterhalten will. Das tut sie zwar auch, aber sie ist vor allem ein Statement zu Menschlichkeit. Eine Wegbeschreibung durch Herz und Hirn zweier junger Menschen, wichtig in Zeiten, in denen das Ego gefeiert wird, doch kaum jemand hinterfragt, was uns eigentlich wirklich in der Tiefe ausmacht, welche Kräfte wirken, um ganz Mensch werden zu können, ausgewogen, durch die Ecken und Kanten des Lebens geprägt. Wir lesen, wie Co-Kreation Neues schafft, wenn wir jenseits eines ichzentrierten Denkens in ein Wir wachsen und wie wir erkennen, was in uns an Stärken und Kräften ruht. Die Entdeckung unserer wahren Seinsnatur ist eines der größten Abenteuer unserer Zeit.

Seit Sigmund Freud ist die Faszination des Unbewussten ungebrochen, doch wer macht sich schon die Mühe, es zu erkunden, auch wenn wir faktisch wissen, dass es uns steuert? Wir achten auf das Speedboot spontaner Emotionen. Das langsam agierende, unterbewusste U-Boot hingegen entzieht sich unserer Wahrnehmung, bis wir ihm durch Erfahrung auf die Schliche kommen. Bist du bereit, ins Unbekannte zu steigen und zu entdecken? Carmen Hillers Protagonisten nehmen dich mit an die Hand auf ihrer Reise durch Tag und Traum, durch Wachbewusstsein mit den Herausforderungen unseres Alltags und Traumschleier, die uns umwehen, kaum greifbar sind und doch die tiefen Wahrheiten liefern können.

von Christine Krokauer,
Heilpraktikerin für Psychotherapie

Welcome to paradise

7:30 Uhr. »Para-para-paradise, para-para-paradise.« Geschocktes Augenöffnen. Blick auf den Wecker. War es ernsthaft schon wieder so spät? – Ja, war es. Lilly musste noch einmal eingeschlafen sein. Zum Glück stellte sie sich immer einen zweiten Wecker. Ihr Lieblingssong der Band Coldplay war schon vergessen, als sie sich mit einer Bewegung aus dem Bett wuchtete und dabei die plüschig-kuscheligen Hausschuhe mit dem Tigermuster überzog. Nicht nur kitschig, sondern auch absolut notwendig. Der Boden war nämlich meist unangenehm kalt, Fliesen; das Zimmer fast so kühl wie draußen. Heizkosten sparen war angesagt. Außerdem zog es sowieso durch die Fenster. Dämmung? – Ein Fremdwort in einer so alten Wohnung.

Was sollte sie machen? Mehr als die kleine Zweizimmerwohnung konnte sie sich hier in Berlin Neukölln nicht leisten. Genauso gut hätte es eine Einzimmerwohnung sein können – zugegeben. Viel günstiger waren die allerdings meist auch nicht. Sie hatte schon öfter die Immobilienangebote durchforstet. Lilly zahlte eine äußerst moderate Miete, denn ihr Vermieter schien schon einige Zeit vergessen zu haben, dass man Mietpreise auch aktualisieren konnte. Ein Glück. So günstig es auch war, ihr Wohnzimmer blieb trotzdem meist unbewohnt. Wenn sie spätabends von ihrem Job in der Werbeagentur nach Hause kam, hatte sie zwar in der Regel große Lust, sich mit einem

guten Buch, der Katze auf dem Schoß und einem wohlig warm würzigen Tee in ihren Massagesessel, den sie liebevoll Kompostiersessel getauft hatte, zu kuscheln ... doch dafür reichte ihre Kraft meistens nicht mehr aus. Sie war in der Regel einfach zu erschöpft und schaffte es nur noch unter die Dusche und ins Bett.

Sie hatte den Sessel bei der Hausauflösung ihrer verstorbenen Großeltern vor dem Container gerettet. Er war uralt und hatte deutliche Gebrauchsspuren. Die Massagefunktion tat ihren Dienst glücklicherweise noch und seine Sitzfläche war wunderbar bequem durchgesessen. Die Sitzkuhle schmiegte sich optimal an ihren runden Po, den ihr Exfreund so gerne gemocht hatte. Aktuell war der Sessel, wie es schien, der einzige Fan ihrer weiblichen Rundungen. Na ja, das stimmte nicht ganz. Ihr Kater mochte sich sehr gerne an sie schmusen. Kompostiersessel hieß das im hell eingerichteten Wohnzimmer stehende Sitzmöbel nicht, weil es darin so deplatziert wirkte, mit seiner dunklen, zerkratzten Lederoberfläche, sondern deshalb, weil Lilly dasitzen und den Gedanken nachhängen, mit Ideen schwanger gehen, gerne liebevoll als »kompostieren« bezeichnete. Beim Sinnieren und Eindrücke sacken lassen, wurden in ihrem Inneren Nährstoffe freigesetzt, die ihre Kreativität unbedingt zum Leben brauchte. Da war sie sich ganz sicher.

Es war eine lächerlich romantische Idee gewesen mit dem Sessel, unterbrach sie selbst ihre Schwärmerei. Offensichtlich, saß sie doch kaum darin. Das Leben lief eben nicht immer so einfach, das hatte schon ihre Mutter ihr stets eingebläut. Anstrengung und Disziplin führten zum Erfolg, nicht Tagträumen und in gemütlichen Sesseln faulenzen. Genau deshalb war sie aus ihrem Heimatdorf fortgegangen, raus in die große Welt, weil ihre Mutter sie verrückt machte mit ihren Befürchtungen, Lilly könnte auf der Strecke bleiben vor lauter verklärten Träumereien.

Oh je! Nun fiel ihr siedend heiß wieder ein, wie weit fortgeschritten die Zeit schon war. Jetzt aber schnell.

Noch kurz die Katze streicheln und füttern. Kaffee. Und los. Das eigene Frühstück musste warten oder ausfallen, wen kümmerte das schon. Ein neuer Tag voller kreativer Ergüsse – hoffentlich – wartete darauf, gelebt zu werden.

Lilly hieß eigentlich Lilith, doch so nannte sie außer ihrer besagten, zu Dramatisierung neigenden Mutter kaum jemand. Gut so, denn wer wollte schon einen so dämonischen Namen haben? Hatten ihre Eltern nicht gewusst, dass Lilith laut Mythologie ein weiblicher Dämon war? Diejenige, die Schuld war, dass Adam und Eva aus dem Paradies vertrieben worden waren. War ihnen das nicht aufgefallen bei der Namensrecherche? Klingt doch total cool, haben sie sich vermutlich gedacht. So musste es gewesen sein.

Lillys ließ ihre Gedanken schweifen. Sie sah aus dem Fenster; die geschäftigen Straßen Berlins rauschten nur so an ihr vorbei, während sie mit der U-Bahn Richtung Arbeit fuhr. Wie jeden Morgen um diese Zeit waren die öffentlichen Verkehrsmittel die Hölle. Alle schienen es unheimlich eilig zu haben und unglaublich wichtige Dinge erledigen zu müssen – als ob. Wussten diese Leute denn nicht, dass sie die Herrscherin des Bösen war, zumindest dem Namen nach? Haltet Abstand, ihr Verrückten. Man konnte schon zur Menschenhasserin werden hier drin. Vor allem, wenn man spät dran war. Jeden Morgen dasselbe Theater. Willkommen in der Großstadt.

8:56 Uhr. Haltestelle Kottbusser Tor. Hier, in Berlin Kreuzberg, lag das Gebäude, in dem sich ihre Arbeitsstelle befand: eine Werbeagentur, super-hip, namens »Eden«. Siebter Stock, den Gang entlang, dritte Tür links. Das hatte sie sich damals vor dem Bewerbungsgespräch immer vorgesagt, als sie – wie jetzt – im Aufzug gewartet hatte, um oben anzukommen. Es war ihre erste Stelle nach dem Designstudium gewesen, wie ein absoluter Anfänger war sie sich vorgekommen. So ging es ihr oft heute noch.

Ping. Tür auf. »Hey, guten Morgen.«

Und noch bevor sie ausatmen konnte, traf sie Adam im Flur Richtung Agentur. Seinen Namen sprach man Englisch aus. Ob er eigentlich wie der Adam aus der deutschsprachigen Bibel hieß und nur hipp sein wollte, oder seine Eltern ihm wirklich einen englischen Namen gegeben hatten, wusste sie nicht.

»Heute auch später dran.«

Es war eher eine Bemerkung, denn eine Frage. War Lilly doch generell eher knapp unterwegs mit ihrem Zeitmanagement. Noch so etwas, das sie gerne ändern wollte.

»Sieht so aus.« Auf Small Talk mit diesem Angeber hatte sie so was von keine Lust. Er bildete sich so viel ein auf seine Erfahrungen, die er in der letzten Agentur gesammelt hatte, bei der er angestellt gewesen war. Als hätte er Lilith einiges voraus, als könne sie noch viel von ihm lernen. Blablabla. Sie konnte es nicht mehr hören. Lilith kannte seine halbe Lebensgeschichte. Adam war ein sehr sendungsbewusster Zeitgenosse, sollte doch niemand verpassen, wie unglaublich erfolgreich er war. Sein Apartment war superschick, teilfinanziert von seiner fürsorglichen Architektenmutter. Diesen Teil der Geschichte überging er in der Regel recht schnell und betonte, dass er diese Unterstützung gar nicht nötig gehabt hatte für den Neustart hier in Berlin, seine Mutter allerdings einfach ein Gutmensch sei, was diese oft bares Geld kostete, so Adam. Er selbst sei zielstrebig genug, nichts aus Mitgefühl für andere Menschen umsonst oder günstiger zu machen, geschweige denn, einen festen Prozentsatz seiner Einnahmen an wohltätige Organisationen zu spenden, wie seine Lebensspenderin es tat. Auf die Idee, dass seine Mutter möglicherweise nicht etwa unüberlegt, sondern aus der Gewissheit heraus handelte, es sei genug für sie und ihre Familie inklusive verzogenem Sohn übrig, kam ihrem Kontrahenten wohl nicht in den Sinn. Adam schien wenig von Dankbarkeit und Demut zu wissen. Er beschwerte

sich regelmäßig über seine Nachbarn, die laut und lebhaft Musik hörten, was seiner Kreativität gar nicht gefalle und ihm außerdem regelmäßig seine Dates verderbe, da könne auch die Aussicht von der eigenen Dachterrasse nichts mehr retten. Lilly empfand kein Mitleid.

»Mal sehen, was der CEO heute für uns hat«, unterbrach Adam ihre Gedanken in seiner gewohnt überschwänglichen und aufdringlichen Art.

»Ja. Mal sehen.«

Hinsetzen. Endlich am Schreibtisch angekommen.

9:12 Uhr. Adam hatte den Platz genau gegenüber von ihr. Ein Glück, machte er sich direkt daran, seinen Rechner hochzufahren und die Kaffeemaschine mit seiner Anwesenheit zu beglücken. So hatte Lilly Zeit, im Raum anzukommen. Das Büro gefiel ihr richtig gut. Alles war offen gestaltet, modern, freigeistig, wie es sich für eine junge Werbeagentur gehörte, zumindest in ihrer Welt. Weiße Wände waren vollgepinnt mit Moodboards und Skizzen, an ausgewählten Stellen standen großzügige grüne Pflanzen, schließlich wollte man auch beim Interieur an das namensgebende Paradies erinnern. Studien waren zudem der Meinung, dass Pflanzen gut fürs Raumklima seien, hatte sie irgendwo gelesen. Am besten gefiel ihr allerdings die Schaukel im Pausenraum. Sie hing von der Decke. Einfach so. Und es gab sogar genug Platz, um zumindest ein bisschen hin und her zu schaukeln. Sie hatte zwar Höhenangst, doch diese Schaukel war okay. Genau der richtige Ort, um in einem stumpfen Moment auf den Kuss der Muse zu warten – Nährstoffe freizusetzen. Auch hier an ihrem Arbeitsplatz verbrachte sie wenig Zeit am Ort der Ruhe. Ein Muster, das sich durchzuziehen schien.

»Heute schlecht aus dem Bett gekommen, Frau Neumann?« Eine Männerhand, einer Pranke nicht unähnlich, stützte sich auf den ihr zugeteilten Mahagoni Schreibtisch. Oh nein, der CEO. »Ich bin hier der Einzige,

der zu spät kommen darf. Ha, ha«, sagte er halb ernst und halb im Scherz. Sie nickte nur knapp, da kam Adam mit seinem Kaffee um die Ecke.

»Guten Morgen, Herr Gottlieb. Heute steht eine große Aufgabe für Sie ins Haus. Halb elf im Besprechungszimmer. Wir haben einen neuen Kunden«, sagte der CEO und verschwand in Richtung seines Büros.

»Hast du das gehört, heute kommt das nächste große Projekt für mich und dich. Ich wusste es!«

Genau genommen hatte Herr Mighty nur mit Adam gesprochen, zumindest kam ihr das so vor. Einen Beweis hatte sie nicht, zugegeben. Natürlich war sie unausgesprochen sowieso mitgemeint, das wusste sie schon, schließlich waren Adam und sie angeblich ein Team.

Anatol Mighty war der Chief Executive Officer, oder weniger fancy ausgedrückt, der Geschäftsführer von »Eden«. Er hatte die Agentur vor wenigen Jahren gegründet. Quasi auf seine alten Tage nochmal richtig losgelegt. Er hatte das Rentenalter fast erreicht, allerdings betonte er immer wieder, dass Kreativschaffende wie »wir« welche seien, sowieso nie aufhören würden zu arbeiten. Nachdem seine Frau an Krebs gestorben war, konzentrierte er sich voll und ganz auf das, was ihm Kraft gab: kreativ sein und junge, talentierte Menschen wie Lilly und Adam dabei zu unterstützen, ihr Potenzial zu entfalten. Anatol war dafür bekannt, immer nur auf ein Jahr befristete Verträge zu machen und generell nicht mehr als zwei Personen zu beschäftigen, obwohl er seinem Ruf nach wesentlich mehr Aufträge an Land hätte ziehen können, war er doch in Berlin und Umgebung bekannt wie der sprichwörtliche bunte Hund.

So ganz hatte sie sein Konzept nie verstanden. Eins war dennoch klar: Bei Anatol Mighty angestellt zu sein, eine dieser rar gesäten Stellen ergattert zu haben, kam in der Berliner Szene einem Rittersschlag gleich. Was er in dem überheblichen, verzogenen Architektinnensohn Adam für

Potenzial sah, blieb ihr allerdings schleierhaft. Der brauchte nun wirklich keinen Booster für sein Selbstbewusstsein.

10:29 Uhr. Lilith öffnete die Tür zum Besprechungszimmer. Adam drängte an ihr vorbei und war deshalb als erster im Raum. Besprechungen waren grundlegend nicht so sein Ding. Mit Kunden sprechen? Muss das sein? Wenn der Moment allerdings gekommen war, war er in der Regel kaum zu halten. Musste er doch hervorstechen als besonders fleißiger Mitarbeiter. Und so sollte es auch diesmal sein.

Der Raum war geräumig, im Zentrum ein großer, ovaler Eichentisch. Grüne, dschungelartige Pflanzen hingen in jeder Ecke des Zimmers in Dreiergrüppchen von der Decke. Auch hier war die Anlehnung an den Garten Eden nicht verfehlt worden. Lilly kam sich hier trotzdem oft etwas verloren vor. Noch bevor sie Gelegenheit hatte, richtig im Raum anzukommen, stürmte Adam bereits Richtung Kunde, griff nach dessen Hand und schüttelte fleißig. Der alte Mann war sichtlich überrumpelt, erwiderte allerdings nach kürzester Zeit mit, wie es schien, kräftigem Händedruck die eilige Begrüßungsgeste.

Nicht ganz so forsch und dennoch direkt wagte Lilly sich nun ebenfalls vor. Sie streckte ihre Hand aus, die sogleich wohlwollend entgegengenommen wurde. Der Händedruck war tatsächlich kräftig, doch ohne dabei unangenehm zu sein.

»Guten Tag, mein Name ist Lilith Neumann. Schön Sie kennenzulernen«, lächelte sie freundlich.

»Lucius Serpentes, angenehm«, antwortete ihr neuer Kunde knapp, die durch die Händeschüttelattacke ihres Kollegen etwas verrutschte Smartwatch an seinem Handgelenk zurechtrückend. Adams forscher Überfall schien dem Herrn, der einen weisen und rüstigen Eindruck machte, wohl nicht sehr zugesagt zu haben. Lilly kam im Anschluss dennoch kaum dazu, Fragen zu stellen. Adam riss die Aufmerksamkeit an sich und unterbrach sie häufig, ohne es selbst zu merken. Typisch.

»Tschüss, vielen Dank für Ihren Besuch«, winkte Lilly dem Kunden nach, nachdem die Besprechung ein Ende gefunden hatte. Das Gespräch war trotz Adams unruhiger Art nicht schlecht gelaufen. Die nötigen Infos hatte Lilly im Briefing raushören und notieren können. Ihr gebundenes Notizbuch hatte ein paar handgeschriebene Seiten dazugewonnen. Ihr Kollege pflegte sie für ihren papiergebundenen Wegbegleiter zu belächeln, wurde er doch nie müde zu betonen, keine Notizen nötig zu haben.

»Ist alles hier abgespeichert«, sagte er dann mit dem Zeigefinger auf seiner Stirn herumklopfend.

»Äpfel?«, fragte Adam sich und die Welt frustriert, als er sich nach der kurzen Wegstrecke vom Besprechungszimmer zum Büro wieder auf seinen Platz setzte. Die Enttäuschung in seiner Stimme war kaum zu überhören. Er kümmerte sich lieber um große Projekte, das Corporate Design eines neuen Ärztehauses, das eine renommierte Architektin – wie seine Mutter eine war – entworfen hatte, zum Beispiel. Ein kleiner Familienbetrieb, der Äpfel als Selbstvermarkter anbot, war da natürlich nicht so sexy.

Lilly allerdings gefiel der Gedanke. Sie sah vor ihrem inneren Auge einen kleinen, aus zusammengetragenen Holzdielen bestehenden Stand am Straßenrand Richtung Beelitz stehen, der ältere Herr, Lucius Serpentes, im Zentrum des Geschehens mit Schalen, Körben und Tüten voller selbstangebauter Äpfel. Bio, ganz klar. Mit weniger brauchte man den hippen Großstädtern gar nicht zu kommen. Ein schönes Bild eigentlich. Zumal der Herr mit dem graumelierten Krausbart begeistert von seinen beiden Söhnen erzählt hatte, die drauf und dran waren, den Traditionsbetrieb zu übernehmen. Eine echte Familienherzensangelegenheit also. Er wollte seine Sprösslinge – sie schmunzelte in Gedanken über diesen Wortwitz – zur Übernahme des Betriebs mit einem passenden Logo überraschen. Er habe sich nie darum gekümmert, sei sich aber bewusst, dass so etwas heutzutage

wichtig sei, auch wenn er das für sich lange nicht hatte glauben wollen, gab er zu. Lilly fühlte ebenfalls, dass Herr Serpentes im Jetzt angekommen zu sein schien. Er machte den Eindruck selbst nicht mehr alles mitmachen zu wollen und schien dennoch ein Gespür für den Zeitgeist zu haben.

»Unsere Äpfel sind weit und breit die besten, müssen Sie wissen. Sie schmecken süß wie Honigkuchen und sind dabei absolut bio und bezahlbar obendrein«, hatte Lucius Serpentes in ernstem und doch liebevollem Tonfall, der neugierig machte, erklärt. »Probieren Sie doch mal.« Er hatte Adam einen rotbackigen Apfel direkt vor die Nase gehalten.

»Nein, danke. Vielleicht später.« Adam hatte mit einer abweisenden Geste die schmackhaft aussehende Frucht von sich gewiesen.

»Geben Sie ihn mir. Wir werden später gerne in Ruhe davon kosten.« Lilith hatte daraufhin den Apfel entgegengenommen. Gerade noch einmal gerettet. Adam war für solcherlei emphatische Gesten der Dankbarkeit und des Entgegenkommens oft wenig feinfühlig, dachte sie im Nachhinein. Seine »Diszipliniertheit« verbot ihm Spielereien wie das Kosten und Bewerten saftiger Äpfel. Schade für ihn, fand Lilly. Er musste wirklich aufpassen, nicht versehentlich zu viel Freude an seiner Arbeit zu verspüren.

»Wie langweilig ist das denn bitte? Äpfel? Im Ernst?« 11:51 Uhr. »Und dann am besten morgen früh die ersten Entwürfe für das Logodesign? Du kennst doch Mighty, es dauert garantiert nicht lange, bis er hier auf der Matte steht.«

Schweigen. »Lilly? Hörst du mir überhaupt zu?« Seine Hand trommelte nervös auf der hölzernen Oberfläche des Schreibtischs herum.

»Lass uns erst einmal Mittagspause machen. Das Gespräch muss sich setzen. Tuna Sandwich, wie immer?«, fragte Lilly leicht gestresst.

»Ja. Äh, nein. Golden Chicken. Danke«, korrigierte Adam seine Bestellung noch, bevor er einmal in Ruhe ausatmen konnte.

Sie stand auf. Den Apfel ließ sie dabei in ihrer Jackentasche verschwinden. Die Runde, glatte Oberfläche schmeichelte ihrer Hand. Ihr gefiel das Thema sehr. Was hatte der sympathische Kauz Serpentes noch gesagt? Äpfel seien besonders gesund. Jeder Deutsche esse im Durchschnitt 21,9 Kilogramm Äpfel im Jahr, damit zähle der Apfel zu den beliebtesten Obstsorten. Seine Äpfel seien dabei handverlesen und weder zu süß noch zu sauer, und mehlig schon gleich gar nicht. Das würde sowieso niemand mögen.

So weit, so wenig originell. Wo lag die Besonderheit? Was könnte man als Alleinstellungsmerkmal hervorheben?

Sie überquerte hastig den Zebrastreifen. Einfach loslaufen war die Devise, ansonsten lässt einem niemand den Vortritt – zumindest nicht hier in Berlin. Oder kam ihr das nur so vor? Mittags waren die Schlangen an den Theken immer besonders lang, wer hatte schon Zeit, nach Hause zu fahren, um sich etwas zu kochen? Leidensfähig musste man in der Großstadt sein. Möglichst kurze Mittagspausen machen, auf Selbstgekochtes verzichten. Arbeiten war angesagt, Fleiß und Disziplin gefordert, zumindest in ihrem Business. Ob sie das nur glaubte oder ob es der Wahrheit entsprach, oft wusste sie es selbst nicht. Denn natürlich gab es superhippe Start-Ups, die mit einer tollen Work-Life-Balance Werbung machten, wie Sand am Meer. Zum Glück lag ein kleines Bio-Bistro fast um die Ecke: das sparte Pausenzeit. Die Auswahl war fantastisch, auch für sie als Veganerin waren ausreichend Optionen vorhanden. Falafel-Bagel. Oh ja, das liebte sie. Auch heute würde sie ihrer Tradition treu bleiben.

Der Laden war in Beigetönen gehalten, akzentuiert mit beerigen Rottönen, die an frische Him- und Erdbeeren erinnerten. Ein Hauch bläuliche Heidelbeere war ebenfalls dabei. Jedes Mal wieder war sie begeistert von der

farbenfrohen und doch nicht aufdringlichen Einrichtung des Bistros.

»Ach, schau hin«, schmunzelte sie, der Mann, der vor ihr in der Schlange stand, bemerkte es und schmunzelte unvermittelt ebenfalls. Ihre Aufmerksamkeit galt allerding einem gedeckten Apfelkuchen, der ihr aus der Auslage entgegenzulächeln schien.

»Der Apfelkuchen ist noch warm«, sagte die Dame hinter dem Tresen, als Lilly an der Reihe war. Sie musste bemerkt haben, wo ihr Blick hängen geblieben war.

»Ich nehme gerne ein Stück. Außerdem ein Golden Chicken-Sandwich und einen Falafel-Bagel, bitte.« Ein bisschen Recherche konnte nicht schaden. Schließlich ging es auch um das, was aus Äpfeln nach dem Kauf werden konnte, oder nicht? Vielleicht sollte sie sich heute Abend noch ein Apfelmus kochen. Kaufen. Okay, Apfelmus kaufen. Für mehr war keine Zeit. »Außerdem bitte noch einen Cinnamon-Apple-Spiced Latte zum Mitnehmen«, grinste sie, froh, eine Ausrede für ihre Naschlust gefunden zu haben.

Adam schien zwischenzeitlich noch keine Pause gemacht zu haben. Als sie zurückkam, war er bereits in den Bildschirm seines Computers vertieft, der einzige Apfel, der ihn in dieser Sache wirklich zu interessieren schien. Adam und seine selbstzerstörerische Disziplin, dachte Lilith. Einerseits wertete sie ihn dafür ab, sich keine Ruhe zu gönnen, und andererseits gab es einen Anteil in ihr, der neidisch war auf so viel Durchhaltevermögen.

»Danke.« Griff zur Sandwich-Tüte. »Es ist noch schlimmer, als ich dachte.« Er biss beim Reden ab. Und noch ein Bissen. Kauend und mit aufgerissenen Augen verkündete er: »Mighty möchte bereits morgen früh um zehn Uhr das erste Mal mit uns über unsere Ideen sprechen!«

12:34 Uhr. Lilly blinzelte etwas zu schnell, als sie das hörte, griff leicht nervös zu ihrem Bagel und biss zögerlich hinein.

Den Rest des Nachmittags verbrachten Adam und Lilith nahezu schweigend, jeder in seine eigenen Nachforschungen vertieft. Um siebzehn Uhr war Kurzschließen über bisherige Rechercheergebnisse angesagt. Die Eckdaten, die der Apfelopi, wie Adam Serpentes halb im Spott nannte, mitgeteilt hatte, hatte Adam in der Pause bereits in großen Lettern auf das gemeinsame Whiteboard geschrieben. »Bio-Äpfel von Serpentes' Hof« stand dort riesig über vielen, kurz zusammengefassten Informationen. Auch ein paar ausgedruckte Fotos klebten bereits darauf. Hatte Adam tatsächlich das Foto eines stinknormalen Apfels ausgedruckt? Ernsthaft?

Lilly griff in ihre Tasche und stellte den echten Apfel vorsichtig auf ihren Schreibtisch, wo sie ihn gut sehen konnte. Dafür, dass er derjenige von beiden war, der Fakten mehr liebte als tagträumerische Visionen, würdigte er den echten Apfel, der ihren Arbeitsplatz zierte, mit verhältnismäßig wenigen Blicken. Sie hingegen blickte regelmäßig darauf, wenn ihre Gedanken Kreise zogen. Zufrieden atmete sie aus und begann die Worte »Apfel« und »Kult« in die Suchmaschine ihres Browsers zu tippen. Schnell korrigierte sie »Apfel. Kult. Obst.«. Enter.

Alles Mögliche hatte sie mittlerweile gelesen und auch einmal nach dem »Serpentes' Hof« gegoogelt. Es gab tatsächlich eine Website. Mit der war es allerdings, wie zu vermuten war, nicht weit her. Letzte Aktualisierung: 2004. Damit war die Seite zumindest im 21. Jahrhundert angekommen. Das hätte sie dem alten Herrn Serpentes gar nicht zugetraut.

Blick auf den Apfel. Blick auf die Uhr.

15:58 Uhr. »Ich wäre dann so weit.« An ihrem Bildschirm vorbei schaute sie zu Adam, der immer noch tief versunken über seine Notizen gebeugt an seinem Platz saß.

»Ja, ja. Eine Sekunde«, sagte er leise und etwas aggressiv. Er legte sein Ipad und den ApplePen zur Seite. Kurz darauf

standen sie beide vor dem gemeinsamen Whiteboard. Es starrte von der Wand zurück, fordernd und schweigend. In den letzten paar Stunden waren einige Ausdrucke und Zeitungsausschnitte dazugekommen. Sogar das Etikett hatte Adam von seiner Apfelsaftflasche gepopelt. Das hätte Lilly ihm gar nicht zugetraut. Vielleicht hatte ihr nachmittägliches Kuchenfest ihn unterbewusst inspiriert. Man konnte nie wissen. Abhaben hatte er von dem Gebäck nichts wollen, der guten Figur wegen. Klar. Für gewöhnlich war er nicht so fantasievoll, sich Inspiration außerhalb des Internets zu suchen. Nach einigen Minuten gaben sie auf. Frustration lag in der Luft. Wie gewöhnlich hatte der gemeinsame Blick aufs Whiteboard wenig gebracht. Irgendwie kochte doch jeder sein eigenes Süppchen, oder in dem Fall: Apfelmus.

Beide waren an ihren Schreibtisch zurückgekehrt: Lilly an ihr Skizzenbuch, Adam an sein IPad.

»Was du da nur immer mit deinem Zettelzeug willst. Danach musst du es doch sowieso in deinen Computer übertragen. Eine unnütze Arbeit ist das für mich«, gab er zu bedenken, ohne um Rat gefragt worden zu sein.

20:19 Uhr. Noch keine brauchbaren Entwürfe. Nach Adams Blick zu urteilen, sah es auf der anderen Seite des Schreibtisches nicht besser aus. Die Putzfrau war bereits an ihnen vorbeigekommen. Sie hatte Lilly einen lieb gemeinten Rat dagelassen: »Essen Sie doch zumindest Ihren Apfel, wenn Sie schon so spät noch hier sind.«

Natürlich hatte sie das nicht getan, schließlich war dieser Apfel der Grund für diese Nachtschicht. Sie wollte dem Apfel dennoch nicht böse sein, wäre er es nicht gewesen, dann sicher irgendein anderes Projekt. Und ein Apfel war ihr allemal lieber als ein Haarwuchsmittel für Männer mit geringem Selbstwertgefühl oder eine Faltencreme für Frauen mit simultanem Mangelgefühl. Zum Glück

war Anatol Mighty, was das betraf, sehr ähnlich gestrickt. Ihm war es ebenfalls wichtig, seine Fähigkeiten und die der Mitarbeiter in Projekte zu investieren, die gute Werte vertraten. Nur weil man es konnte, musste man schließlich niemanden durch visuelle Manipulation über den Tisch ziehen.

Bei dem Gedanken lief ihr ein kurzer Schauer über den Rücken. Sie atmete aus, froh darüber, zu sich und ihren Werten zu stehen, auch im Arbeitsumfeld. Das Obst steckte sie in ihre Jackentasche. Ob sich die Frauen mit Haarausfall wohl auch das schwarz durchgestylte Haarwuchsmittel für harte Kerle kauften? Langsam wurde ihr Gehirn matschig, das war deutlich zu merken. Sie gab ihre Ambitionen etwas enttäuscht von sich selbst für diesen Tag auf.

»Ich fahre nach Hause. Gute Nacht, Adam.«

21:23 Uhr. »Du gehst schon? Aber was ist mit den Entwürfen? Na, dann werden eben meine Entwürfe das Rennen machen. Umso besser«, hörte sie ihn noch leise, als sich hinter ihr die Tür schloss. Der hatte sie doch nicht alle. Als ob das nicht ehrgeizig genug von ihr gewesen war. Morgen würde sie es ihm zeigen!

Zu Hause angekommen ließ sie direkt ihre Handtasche zu Boden sinken. Es dauerte nur wenige Sekunden, da war die Katze bereits bei ihr und strich schnurrend und maunzend um ihre Beine.

»Na, Maunzi? Du hast Hunger, oder? Ich auch, Maunzi, ich auch.« Ja, ernsthaft. Maunzi. Privat durfte es auch weniger originell sein. Und überhaupt, wer konnte schon 24/7 kreativ sein? Die letzten Stunden auf der Arbeit hatten es bewiesen. Nachdem sie sich ein paar Nudeln mit Tomatensoße aufgetaut und warm gemacht hatte, die ihre Freundin Lisa letzte Woche vorbeigebracht hatte, war sie einfach nur noch müde und geschafft.

»Miaaauuuuuuu.« Der Kater schaute sie an und dann raus aus der Küche Richtung Flur. Er tapste auf samtigen Pfoten davon, Lilly folgte ihm. Vom Flur aus gingen Küche, Bad

und Wohnzimmer ab. Um ins Schlafzimmer zu gelangen, musste man von der Eingangstür betrachtet linkerhand das Wohnzimmer durchqueren. Rechterhand lag die Küche, geradeaus das kleine Bad. Zumindest gab es zwischen Wohn- und Schlafzimmer einen separaten Durchgang, wenn auch keine Tür, die man schließen konnte. Es war der Türrahmen allein, der für Klarheit sorgte. Die Räume waren somit optisch und gefühlsmäßig gut voneinander getrennt. Das Bett entsprach so ziemlich der Breite ihres Schlafzimmerchens. Mit Sicherheit war der Raum erst nachträglich geteilt worden, um die Wohnung als Zweizimmerwohnung deklarieren zu können. Eigentlich eine Frechheit.

Als sie ins Bett fiel, fühlte es sich fast an, als würde sie sich in einen leeren, kuscheligen Raum fallen lassen.

»Miaaauuuuuu.«

Lilly richtete sich genervt wieder auf. »Was willst du denn schon wieder?«

Der Stubentiger war im Türrahmen stehen geblieben und starrte sie fordernd an.

»Vergiss es, du bekommst ganz sicher nicht noch mehr Futter.«

Es dauerte einen Moment, bis Maunzi sich langsam auf sie zubewegte, widerwillig, wie es schien. Für Spielchen war sie zu müde. Schon wieder liegend, spürte sie den sanften Sprung aufs Bett. Pfoten drückten abwechselnd das Kissen zurecht. Ein flauschiger Körper rollte sich ein. Sie hörte noch das Schnurren neben ihrem Gesicht, als sie langsam wegdämmerte. Diese freche Katze. Sie sollte sich doch nicht immer auf ihr Gesicht legen ...

23:14 Uhr.

Äpfel, frische Äpfel!

Es war unglaublich viel los. Es wimmelte von Leuten, Pferden, Hühnern, Hunden. Frauen wuschen Wäsche und wiesen herumtollende Kinder zurecht, Männer zäumten Vieh auf und priesen hinter Marktständen ihre Waren an. Ein Kind rannte mit einem Apfel in der Hand an ihm vorbei. Evam konnte gerade noch sehen, wie das kleine Mädchen mit wackelnden Zöpfen um die nächste Ecke bog, da wurde er von einem großen, kräftigen Mann harsch angerempelt.

»Pass doch auf, Mädchen! Dieses Kind hat mir einen Apfel gestohlen!« Und schon war auch er grummelnd hinter besagter Ecke verschwunden.

Ich bin ein junger Mann! So ein Idiot. Er schaute an sich hinunter. Lange Arme und Beine, schlanke Glieder, zugegeben, aber klein war er gerade nicht. War man etwa nur ein echter Kerl, wenn man wie dieser Tölpel, der ihn eben angerempelt hatte, groß, kräftig und behaart war wie ein Bär? *Passt nur auf, mir wachsen auch noch Haare auf den Zähnen! Mit mir braucht ihr euch nicht anlegen. Ich weiß genau, wo ich hin will im Leben.*

Ach, genau! Jetzt fiel Evam auch wieder ein, wohin er eigentlich auf dem Weg gewesen war: zur Burg. Er hob den Blick, und da sah er das Bauwerk auch schon hinter den mittelalterlichen Häuserfassaden emporragen. Groß und prächtig war sie, wie es sich für eine richtige Burg gehörte.

Allerlei kleinere und größere Türme ragten hinter den Burgmauern hervor, unzählige Spitzbogenfenster starrten auf ihn herunter wie die kleinen Augen eines unheimlichen Insekts.

»Entschuldigen Sie. Wie komme ich am besten zur Burg?«, fragte er einen Stadtbewohner, der zufällig neben ihm stand.

»Am besten bleibst du der Burg fern.« Und mit dieser Antwort quetschte der Kerl sich auch schon weiter durch die Massen und war alsbald verschwunden. Komischer Typ, dachte Evam und machte sich trotzdem auf den Weg. So ein riesiges Ding konnte man schließlich schwerlich verfehlen, war es doch immer in seinem Blickfeld präsent, während er einen Fuß vor den anderen setzte.

»Äpfel! Frische Äpfel!«, tönte es von rechts.

»Komm her und lass die Katze in Ruhe schlafen! Wir müssen Wäsche waschen«, schimpfte eine Mutter ihr Kind linkerseits. Irgendwie war diese Stadt unglaublich laut und unruhig.

»Können Sie mir helfen?«

»Äpfel! Frische Äpfel.«

»Jeder weiß, dass in der Burg ein Monster ...«

»Äpfel! Frische Äpfel!«

»Dem Oberhaupt ist doch sowieso alles egal.«

»Mama, wann gibt es Mittagessen?«

»... nicht zu sauer und nicht zu süß.«

»Anna hat mich geschubst!«

»Das stimmt nicht, Peter hat als Erster ...«

»Golden Chicken-Sandwich.«

»Äpfel, frische Äpfel.«

Alle redeten durcheinander, es war unerträglich. Evam konnte seine eigenen Gedanken kaum hören. Seine Beine wurden schwerer und schwerer, jeder Schritt auf dem unebenen Kopfsteinpflaster machte ihm zunehmend Mühe. Schwer schnaufend hielt er an. Blick nach oben. Die Gasse, die er gerade gefunden hatte, war zwar steil,

aber führte augenscheinlich direkt zur Burg. Er schien dem imposanten Bauwerk kein Stück näher gekommen zu sein, seitdem er seinen Marsch begonnen hatte. Einen Versuch war es wert. Außerdem sah es ganz danach aus, als würde es dort in der schmalen Gasse endlich ruhiger werden. Keine Menschenseele war zu sehen. Ein Glück.

Auf einem steinernen Türabsatz machte er es sich bequem. Kurz Pause machen. Ausatmen. Er griff in die Taschen seines langen Ledermantels und fand dort einen Apfel. Schon wieder. »Das darf doch nicht wahr sein.« Evam sprach mit sich selbst. Sonst war schließlich niemand da. Er steckte das Obst zurück in die Tasche seines Mantels. Ein Kitzeln am linken Bein. Blödes Bein, war es jetzt auch noch eingeschlafen? Als er prüfend nach unten blickte, durchfuhr ihn ein Schreck. Das war kein eingeschlafenes Bein! Da war eine Schlange. Sie war gerade dabei gewesen, in seine Stiefel zu schlüpfen. Ein Satz zur Seite. Seine Souveränität kam zurück. »Na los, verschwinde schon, bevor ich mein Schwert zücke und dich zerhacke.«

Gemächlich und von der Drohung unbeeindruckt verschwand das Tier in einem Brunnen. Sein Blick folgte ihm und ehe er sich versah, stand er selbst vor dem runden, aus Stein gemauerten Lebensspender. Er schaute auf die Wasseroberfläche. Es war nichts mehr zu sehen von dem Kriechtier, das ihn vor wenigen Sekunden noch so erschreckt hatte. Stattdessen blickten ihm zwei junge, blaue Augen entgegen. Sein Gesicht war zu weich, sein Kinn zu wenig kantig, die Schultern zu schmal. Ein zu schlanker Arm griff verlegen an seinen Hals. Nur ein Grund mehr, sich zu beeilen! Das musste ein Ende haben, dass ihn keiner ernst nahm. Die werden schon sehen! Ich mache etwas aus mir. Ich werde der Allerbeste sein!

Evam war Goldschmied. Na ja, fast. Genau genommen war er noch ein Lehrling. Er hatte es satt, Tag für Tag die gleiche Arbeit zu tun. Jeden Tag dasselbe! Ketten ausbessern hier, Ringe verkleinern da. Nie durfte er sich um die echten

Schätze kümmern, selbst ein Schmuckstück entwerfen. Um wahre Schönheit erkennen zu können, fehle es ihm noch an den nötigen Fertigkeiten. Die Stimme seines Meisters hallte in seinem Kopf nach. Erst vor ein paar Tagen, als dieser für eine interessierte Kundin, die sich für den frühen Nachmittag angekündigt hatte, in seinen Truhen, Regalen und Schatullen gekramt hatte, hatte er mit Evam darüber gesprochen.

»Du musst wissen, jedes Schmuckstück hat seine eigene Seele. Sie sind nicht allein deshalb so wertvoll, weil wir edle Metalle und Steine sorgfältig verarbeiten ... Jedes einzelne ist ein Unikat, geformt aus einer Idee, die in Beziehung steht zu den ureigenen Eigenschaften und Kräften, die jeder Rohstoff mit sich bringt. Wir Goldschmiede fühlen diese Dinge, die nicht sichtbar sind, und vereinen sie zu einer Sinfonie aus Formen und Farben. Wir erschaffen. Nicht für uns, für unsere Kunden und Kundinnen, für das Material. Unsere Aufgabe ist es, nicht nur das kunstvolle Schmuckstück zu fertigen, sondern es auch zu seinem passenden Träger zu führen. Nicht wir erschaffen die Seele der Dinge, wir machen sie sichtbar, sodass der passende Mensch sie sehen, fühlen und finden kann. Haben sich die passenden Seelen gefunden, so verleiht das Schmuckstück seinem Träger Kraft – Kraft, dem eigenen Weg zu folgen, die eigenen Werte zu spüren. Mein Junge: Wir sind die Diener der Werte, Führer von Seelen.« Er zog, nachdem er während des Sprechens im Vorraum der Schmiede hin und her gelaufen war, dieses und jenes Schmuckstück beäugt hatte, eine Schublade auf und sagte sichtlich zufrieden. »Danach habe ich gesucht.« Eine Goldkette mit einem Rubin. In Evams Augen sah sie nicht sonderlich magisch aus. »Ist sie nicht wundervoll? Siehst du, wie die Kette schimmert? Und der Stein ... er lächelt mich an. Das ist das Schmuckstück für Madame Marlis. Wunderbar.«

»Aber Meister, Madame Marlis kommt doch, um sich einen Ring auszusuchen.«

»Ich weiß.« Schmunzelte der Goldschmiedemeister und begab sich zurück in seine Schmiede. Leichtfüßig, was für einen alten Mann außergewöhnlich war. Es folgte keine weitere Erklärung. Frustriert widmete sich Evam wieder seiner Routine, was in diesem Moment Kettenglieder ausbessern bedeutete. Eine Halskette war am schwächsten Glied gebrochen. Evam reparierte es. Er hatte nicht recht verstanden, was ihm das alles hatte sagen sollen und was das Gerede von Werten und Seele mit Schmuckstücken und Schmieden zu tun hatte.

Bei der Erinnerung an diesen Moment ärgerte sich Evam erneut. Warum sprachen ältere Menschen bloß immer so kryptisch? Sicher wollte der Meister ihn absichtlich verwirren und lachte sich anschließend heimlich ins Fäustchen.

Später hatte sich jedoch herausgestellt, dass der Meister recht behalten sollte. Madame Marlis hatte tatsächlich die Kette erworben und keinen Ring, wie ursprünglich gedacht. Klar! Evam war sich sicher, dass auch er so etwas konnte: Kunden etwas anderes verkaufen, als sie ursprünglich wollten und ansprechende Schmuckstücke entwerfen ebenso. Er war schließlich stark und selbstbewusst genug, da war er sich ganz sicher. Sein Äußeres täuschte alle, und deshalb traute ihm niemand etwas zu, davon war Evam überzeugt. Doch damit sollte bald Schluss sein! Er würde es dem Meister beweisen! Er würde ein Schmuckstück schmieden, das alle Schätze übertraf, die der Meister je gesehen hatte. Ihm fehlte nur die richtige Idee, das richtige Material. Und genau deshalb musste er in diese Burg! Die Legende erzählte von einem wundersamen Artefakt. Es soll dort verborgen liegen, seine Macht, größer als alle Wunder dieser Welt. Wunderschön soll es sein und beflügelnd auf die Schöpferkraft der Menschen wirken. Das war seine Chance, das beste Schmuckstück aller Zeiten zu schmieden, um endlich seinen Platz an der Seite des Meisters einnehmen zu können, … um selbst ein Meister zu sein.

Magenknurren. Ausatmen. Ein geschickter Griff in die Manteltasche, und der rotbäckige Apfel strahlte ihm aus seiner Hand entgegen. Evam öffnete den Mund, der Speichel sammelte sich.

»Und wieder zu langsam.« Ein Schlag traf seine Hand, der Apfel flog durch die Luft. Eine Hand tauchte unvermittelt von der Seite auf. »Danke für den Apfel, Blödam.« Sie biss genüsslich hinein.

Oh, wie er diese vermaledeite Ada verfluchte für ihre von Frechheit strotzenden Aktionen. Er hoffte, dass das Augenrollen seinerseits nicht nur zu sehen, sondern auch zu hören war.

»Ich muss los. Wenn die Burg nicht zur Goldschmiedin kommt, muss die Goldschmiedin eben zur Burg, oder so ähnlich.« Sie rannte los.

Wie konnte man nur so arrogant sein. Mittlerweile ärgerte er sich, dass er ihr von seinem Plan erzählt hatte. Ada lernte wie er selbst beim Meister das Goldschmiede-handwerk. Ihr Verhältnis war in Ordnung, geprägt von gegenseitigen Neckereien. Sie redeten während der Arbeits-zeit für gewöhnlich wenig miteinander. Drum herum wurde viel Schabernack getrieben. Der Meister tolerierte es.

Er hatte gehofft, sie mit seinem anstehenden Abenteuer zu beeindrucken, stattdessen machte sie ihm jetzt auch noch auf der Suche nach dem Artefakt Konkurrenz. Ätzend. Reichte es nicht, dass der Meister sie ständig mehr beachtete als ihn? Noch ein Grund mehr, nicht müde zu werden. Weiter.

Irgendwie sahen alle Gassen gleich aus. Hatte er dieses Fenster-brett mit der getigerten Katze nicht schon mal gesehen? War es dieselbe, oder sahen hier alle Katzen gleich aus?

»Na, Maunzi?«, fragte er wie nebenbei. »Mau«, war die kurze Antwort. Weitergehen, nicht ablenken lassen, schließlich war Ada der Sache auch auf der Spur. Was hatte er da vorhin gehört? Dem Oberhaupt sei doch sowieso

alles egal? Na, wenn das so ist, konnte er sich ja genauso gut den Schatz ... MONSTER! Irgendwas hatten sie von einem Monster gesagt, oder? Ein kalter Schauer lief über seinen Rücken. Ruhig bleiben. Er hatte sein Schwert, ein Erbstück seines Vaters, der Waffenschmied gewesen war. Er hielt es in Ehren. Leider war sein Vater viel zu jung gestorben – ein Unfall. Er wollte nicht daran denken. Benutzt hatte er die Waffe noch nie, zugegeben. Evam war kein Krieger, nie gewesen. Beruhigend wirkte es trotzdem, ein Schwert bei sich zu tragen. Es konnte also nichts schiefgehen. Ruhig bleiben. Ausatmen.

Die Beine wurden schwerer, und mit jedem Schritt schien auch die Sonne den Tag zunehmend zu verlassen. Es dämmerte schneller als Evam lieb war. Er hatte kein Licht dabei. Kontrollgriff in die Manteltasche. Man konnte schließlich nie wissen, vielleicht fand sich dort etwas Nützliches, irgendwas, das half, eine Fackel zu bauen.

»Was zur Hölle ...!«

Der rotbackige Apfel schien ihm verschmitzt aus seiner Hand entgegenzulächeln. Er wandte ihn von rechts nach links, die köstliche Frucht schimmerte unversehrt im Abendrot, niemand hatte abgebissen, als wäre er Ada nie begegnet. Hatte er etwa geträumt? Am helllichten Tag? Er steckte die Frucht kopfschüttelnd wieder ein.

Da bemerkte er es. Plötzlich ragte sie vor ihm auf, wie eine Erleuchtung, groß und eindrucksvoll, als wäre sie das mächtigste Bollwerk der Menschheit: die Burg. Mittlerweile war es düster geworden und es schien ausweglos, des Nachts einen Weg in die Burg zu finden. So spät würden ihm die Pförtner wohl kaum Einlass gewähren. Andererseits: Einen Versuch war es wert, oder? Lange ging er an der Burgmauer entlang, ohne, dass er auch nur den Ansatz eines Tores entdeckte. So ein Tor war nicht klein. Das konnte man nur schwerlich übersehen, sagte er sich und gab nicht auf. Er lief und lief immer schneller, langsam wurde er ungeduldig. Er konnte kaum noch seine Hand

vor Augen sehen. Statt eines Tores fand er einen großen Erdhaufen. Zeit zum Ausruhen. Musste er die Burg nicht bald umrundet haben? Zumindest das Gras fühlte sich schön weich an, fast kuschelig.

Eine kurze Pause konnte nicht schaden. Er lehnte sich zurück und schloss die Augen. Wind wehte ihm um Nacken und Schultern. Schön warm und wohlig. Auch dieses sanfte, gleichmäßige Brummen, das über seinen Körper strich. Ihm war fast, als würde die Welt selbst ein- und ausatmen. Moment. Ein- und Ausatmen?! Es wurde nass. Ein Schwall glitschiger Flüssigkeit lief unvermittelt zäh und warm seinen Oberkörper hinunter. Er griff danach und eine vom Gestank hervorgerufene Übelkeit begann sich in ihm auszubreiten. Die Erde unter ihm vibrierte. Ein stetig lauter werdendes Grummeln war zu hören.

»Ach. Du. Lieber Himmel!« In einem Satz sprang er erschrocken auf. Über ihm bäumte sich langsam ein unheimliches Etwas auf. Schwarz wie die Nacht. Ein Schütteln. Ein dunkles Knurren. Weiße, spitze Zahnreihen schauten auf ihn herunter. Was auch immer das war, es musste um die zehn Meter groß sein. Augen öffneten sich. Augen öffneten sich. Augen öffneten sich. Drei Paar rotleuchtender Augen starrten auf ihn herab, in der Mitte die lachende Zahnreihe. Eine lange Zunge kam hervor. Hecheln. Hinunterstarren. Und dann kamen noch zwei weitere Reihen Reißzähne hinzu. Das Vieh hatte drei Köpfe. Er machte instinktiv mehrere Schritte zurück. Evam zog etwas unbeholfen, doch schließlich erfolgreich das Schwert aus der Scheide, in der Hoffnung, damit ein Gefühl der Sicherheit zu erzeugen. Mit mäßigem Erfolg. Vor ihm stand ein riesiger schwarzer Hund mit drei großen, unheilvollen Köpfen. Seine Pranken waren so groß wie ein Karren, jeder Zahn größer als das Schwert, das er bei sich trug. Im Vergleich dazu wirkte es eher wie ein Zahnstocher. Die roten Augenpaare starrten ihn an. Keine auch noch so kleine Bewegung blieb unbemerkt.

Evam nahm seinen ganzen Mut zusammen und trat einen Schritt nach vorne. Ohrenpaare zogen sich nach hinten. Gesichtszüge spannten sich an, Zähne wurden gefletscht und ein Knurren grollte aus den drei Kehlen hervor. Bisher hatte sich der Höllenhund keine Tatze von der Stelle bewegt. Evam rechnete jeden Moment mit einem Angriff. Er achtete darauf, zumindest nicht in direkter Schnappweite der Mäuler zu stehen. Viele Momente standen sie so da. Das Tier griff nicht an. Kam Evam näher, spannte es sich an, fing an zu knurren. Entfernte er sich, wurde die Körpersprache des Monsters ruhiger. Fast versöhnlich. Aber wer konnte schon sagen, ob das Tier ihm nicht doch hinterherjagen würde, wenn er jetzt seine Beine in die Hand nahm. Es hatte sich immer noch nicht von der Stelle bewegt, aber warum nur? Und warum wartete es überhaupt auf Evams Reaktion? Wäre es aus Sicht dieses Ungetüms nicht ein Leichtes, Evam zu töten, um danach wieder in Ruhe schlafen zu können?

Solange er nicht näherkam, drohte wohl keine Gefahr, sodass er Zeit zum Überlegen hatte. Sein Schwert steckte er langsam wieder weg, ohne das Ungetüm dabei aus den Augen zu lassen. Die Klinge surrte leise, als sie zurück in die Scheide glitt. Das Tier entspannte sich noch etwas mehr. Er versuchte rational über diese Sache nachzudenken. Dieser riesige Hund will sich offenbar nicht groß bewegen und ihm gefiel nicht, wenn Evam sich näherte. So weit so gut. Er beäugte das Wesen noch einmal ganz genau. Okay, drei Köpfe, drei Mäuler, sechs Augen, sechs Ohren. Dafür nur vier Pfoten. Große Pfoten. Beim genauen Blick auf die Pfoten wurde er stutzig. Da war doch etwas hinter dem Tier. Etwas Massives aus Holz. Das Tor! Hier musste der Eingang zur Burg sein! Deshalb bewegte sich das Monster kein Stück! Es bewachte den Eingang. Okay, Weglaufen war damit nicht mehr das Thema seiner Überlegungen. Wollte er hinein, musste er an diesem Monstrum vorbei. Blick auf sein Schwert. Schmunzeln. Das konnte er vergessen. Das

war absolut unrealistisch. Erlegen konnte er das Ungetüm nicht. Zudem war Evam, wenn er einmal ganz ehrlich zu sich selbst war, nicht der Typ, anderen Lebewesen etwas zuleide zu tun, wenn es sich vermeiden ließ. So wütend er auch vorhin auf die Schlange gewesen war ... Langsam wurde es kalt. Eigentlich hätte er längst an einer warmen Feuerstelle oder wenigstens in einer provisorischen Unterkunft schlafen sollen.

Schnaufen. Kaum vorstellbar, dass Ada dieses dreiköpfige Monstrum überwunden haben soll. Sie war sicherlich einige Zeit vor ihm hier angekommen. Vermutlich war sie längst geflohen. Ada war grazil und flink, außerdem schien das Wesen offensichtlich wenig Interesse daran zu haben, seine Position vor dem Tor zu verlassen. Es wird Ada doch nicht gefressen haben? Diesen Gedanken schob Evam schnell beiseite.

Er zitterte, und das nicht nur vor Sorge, auch vor Kälte, es war urplötzlich eisig geworden. Ob das von dem Tier kam oder das Wetter umschlug, war schwer zu sagen. Seine einzige reelle Chance bestand darin, hier zu warten, bis das Tier wieder einschlief, um sich dann an ihm vorbei zu schleichen, schlussfolgerte Evam leicht frustriert. Irgendwann musste es dem Dreiköpfigen doch zu langweilig werden, wenn Evam sich nicht mehr bewegte. Hoffentlich würde er dabei nicht festfrieren. Bereits jetzt begann er, an leichten Erfrierungen zu leiden, zumindest bildete er sich das ein. Manchmal neigte er zu Übertreibungen. Der Beschluss stand fest. Es war seine einzige Chance. Er beschloss, sich auf den Boden zu setzen, all seine Disziplin zusammenzunehmen, um die Kälte zu ertragen, geduldig zu warten. Das war realistisch. Er entfernte sich ein zusätzliches Stück von dem Tier, um mehr Ruhe in die Situation zu bringen. Hunde schliefen schließlich lange und viel, ermutigte er sich selbst, seinem Plan treu zu bleiben. Während er nachdachte, öffnete er seinen Schwertgürtel und legte

ihn samt in der Scheide befindlichem Schwert griffbereit neben sich auf den Boden. Es würde sicher klappen, und dann würde er sich an dem Tier vorbeischmuggeln. Seine grazile Gestalt wäre ausnahmsweise sogar förderlich. Wer hätte das gedacht.

Er schloss die Augen für einen Moment, atmete tief ein und aus, um die Zweifel zu verscheuchen und das Leid der Kälte zu vergessen.

Er öffnete die Augen ein wenig und sah unauffällig auf die Pfoten des Tieres. So konnte er es beobachten, ohne ihm dabei in die Augen zu schauen. Das machte das Monster nervös, und dies galt es schließlich zu vermeiden. Und tatsächlich, das Tier legte sich nach geraumer Zeit wieder hin. Evam wartete noch ein paar tiefe, ruhige Atemzüge und stand etliche Minuten später, vorsichtig sein Schwert aufhebend, langsam auf. Bereits nach wenigen Schritten, die er auf den Riesenhund zuging, richtete sich das Tier wieder auf und starrte ihn an. Verdammt! Er setzte sich wieder auf seinen Platz und wartete erneut. Und wartete. Und wartete. Langsam verließ ihn die Geduld. Disziplin hatte ihn sein Meister gelehrt, und auch wenn es ihm zunehmend schwerer fiel, geduldig zu bleiben, er zog es durch. Kalte Füße. Er würde durchhalten! Realistisch betrachtet, musste das Tier irgendwann zu müde sein, um aufzupassen.

Nach einiger Zeit, der Mond stand schon hoch am Himmel, legte sich der Dreiköpfige wieder hin. Diesmal wartete Evam noch länger, so lange, bis er ein tiefes, gleichmäßiges Schnaufen hörte. Dann erst stand er auf, mit nahezu demselben Bewegungsablauf wie beim vorherigen Versuch. Noch vorsichtiger diesmal, noch langsamer. Und wieder: Das Tier erhob sich fast umgehend. Es schaute ihn an. Ungewöhnlicherweise dieses Mal jedoch ohne Knurren. Anscheinend gewöhnte es sich an seine Anwesenheit. Was hatte das zu bedeuten?

»So wirst du nicht weiterkommen.«

Eine Stimme, samtweich und engelsgleich, sprach wie aus dem Nichts mit ihm. Eine Frauenstimme, die aus unbekannter Ferne zu ihm klang. Träumte er? Das Ungetüm schien nichts gehört zu haben, es hatte sich trotz der Stimme nicht gerührt.

»Denke daran, es ist ein Hund.«

Was sollte das denn heißen? Evam war klar, dass das ein Hund war. Und was bildete sich diese ominöse Stimme überhaupt ein. Als ob er Ratschläge brauchte. Hund? Hund. Hündchen. Ein Bild erschien in seinem Kopf. Als Kind hatte er den Nachbarshund sehr gern gehabt. Ein kleiner Mischling mit struppigem Fell. Er hatte Evam regelmäßig übers Gesicht geschleckt. Das war ein witziges Gefühl gewesen. Ein bisschen ekelig war es auch, doch hauptsächlich witzig-kitzelig. Die beiden hatten gespielt und waren zusammen über den Hof gerannt, hüpfend und lachend. Also, Evam hatte gelacht. Der Hund hatte freudig bellend in das Lachen eingestimmt. Er hatte sich dabei immer vorgestellt, ein Ritter zu sein, und der Hund war sein treuer Begleiter gewesen, sein Knappe, der ihm sein Schwert bringen musste und all das. Natürlich musste Evam das Schwert, das eigentlich ein Stock war, erst einmal werfen, bevor er sich in seiner Fantasie vorstellen konnte, dass der Knappe es ihm in vollster Ergebenheit brachte.

Das war es!

»Ich werde versuchen, das Tier zum Spielen aufzufordern. Vielleicht holt es, wie die meisten Hunde, auch gerne ein Stöckchen?«, hörte sich Evam selbst flüstern. Konnte das klappen? Doch was sollte er werfen? Er konnte ja schlecht sein Schwert aufgeben, dann wäre er vollkommen schutzlos. Wer konnte schon wissen, was noch auf ihn wartete hinter den Mauern dieser Burg? Das Risiko erschien ihm zu groß. Er schaute sich um, ob er etwas finden konnte, was werfbar aussah. Um ihn herum nur flache Wiese, ein paar Grasbüschel. Mehr nicht. Kein Stein, kein Stock. Nichts. Na klasse. Als er beim Nachdenken unbewusst begann,

sich sein Schwert wieder umzugürten, und seine Finger im Anschluss die Scheide zurechtrückten, kam ihm ein Gedanke. Er musterte Länge und Breite der Scheide, strich über den Knauf seiner Waffe und begann seine Idee in Gedanken zu formulieren.

Ausatmen. Okay, bevor er das überhaupt in Erwägung zog, musste er herausfinden, ob das klappen konnte; erst einmal mit dem Schwertscheide wedeln und schauen, was passieren würde. Eine gewisse Distanz sollte er schon hinbekommen, wenn er einen gebührenden Zeitvorsprung erreichen wollte. Das blanke Schwert konnte er aufgrund der scharfen Klinge nur schlecht wie einen Stock greifen, um es zu werfen. Also musste er, falls die Sache umsetzbar war, Schwert samt Scheide aufgeben. Doch bevor diese Entscheidung zu treffen war, galt es erst einmal zu testen, ob das Tier überhaupt reagierte. Er entfernte die Scheide vom Gürtel, nahm sie wie ein Stöckchen mittig in die Hand und wedelte damit auffordernd von rechts nach links, als wäre das Schwert ein Stöckchen, das man apportieren konnte. Zum Glück war sein Schwert eines der leichteren Modelle. Sein Gewicht schien es zum perfekten Wurfobjekt zu machen. Er würde fähig sein, es ein ganzes Stück weit zu schleudern. Bei diesen Bewegungen fiel der Apfel unvermittelt aus seiner Manteltasche und rollte über den Boden. Der Hund richtete sofort seine Augen auf das kullernde Obst und von einem Moment auf den anderen veränderte sich seine Körpersprache. Er senkte seinen Oberkörper und reckte den Hintern schwanzwedelnd in die Höhe. Die Mäuler verzogen sich zu einer Art Lächeln. Er hechelte erwartungsvoll, den Apfel fest im Blick.

»Willst du spielen?« Die Idee mit dem Schwert war vergessen. Er konnte seine Waffe behalten. Erleichterung. Evam bückte sich – nachdem er seine Utensilien, so zügig er konnte, wieder angelegt hatte – zu dem Apfel, um ihn aufzuheben. Als er dem Hund das ballartige Obst zeigte und damit herumfuchtelte, wurde das Tier ganz

aufgeregt. Es jaulte sogar ein bisschen und wiederholte seine Spielaufforderung schwanzwedelnd. Freudige Erinnerungen an Evams Kindheit wurden wach. Jetzt hatte auch er Lust, mit dem Hund zu spielen. Das Tier sah mit einem Mal gar nicht mehr so angsteinflößend aus.

»Ich stelle mir einfach vor, du wärst kein Monster, sondern mein Spielkamerad von damals. Magst du das?«

Ein Wedeln mit dem Apfel auf der einen Seite. Ein Wedeln mit dem Schwanz auf der anderen Seite. Freudiges Jaulen.

»Na, dann los, mein Großer.« Evam warf den Apfel so weit er nur konnte. Das Obst flog in hohem Bogen. Der Hund sprang sofort hinterher. Lange würde das Tier nicht brauchen, um den Apfel zu finden. Evam durfte keine Zeit verlieren. Das Tor lag nun frei. Er rannte los. Die steif gefrorenen Glieder motivierend, setzte er entschlossen ein Bein vor das andere, sodass seine Muskeln schnell wieder weich wurden. Mit dem Schnüffeln des Hundes im Ohr rannte er geradewegs auf das Tor zu. Schneller und immer schneller. Sein Herz klopfte wie wild. Von der Kälte war nichts mehr zu spüren. Wow, und das Ganze, ohne mein Schwert aufgeben zu müssen, dachte er noch, als er durch das Tor, das sich wie durch Magie von selbst öffnete, in eine dunkle Zukunft rannte. Wie ungewöhnlich es war, dass sich ihm der Zugang von selbst öffnete, bemerkte er nicht. Sein Plan hatte mit dem Weglocken des Hundes geendet, als hätte er intuitiv geahnt, dass der Hund, Ego, die eigentliche Hürde gewesen war.

»Gut gemacht«, säuselte die wunderschön klingende Frauenstimme.

Alles ganz nett

»She'd dream of para-para-paradise.« **7:00 Uhr.** Augen auf. Ausatmen. Was war das denn, bitte? Lilly richtete ihren Oberkörper auf. Maunzi rollte dabei ungemütlich von ihrem Gesicht, was sein Schnurren abrupt enden ließ. Damit musste das Tier jetzt leben. Schließlich hatte Lilly gerade einen der seltsamsten Träume ihres Lebens gehabt, und der Kater seinerseits konnte gleich, wenn Lilly auf der Arbeit war, alle Träume dieser Welt nachholen. Faules Ding. Ernsthaft? Ein androgyner Junge namens Evam? Wieso hatte sie geträumt, ein Kerl zu sein? Und dann noch dieser gruselige dreiköpfige Hund? Sie musste unbedingt aufhören, diese Horrorserie auf Netflix zu schauen. Das verkraftete ihre Fantasie anscheinend nicht. Und überhaupt, als ob ein so großer Hund einem so kleinen Apfel hinterherjagen würde, unrealistisch!

»Unrealistisch, Maunzi, einfach nur unrealistisch – und gruselig.« Beim letzten Wort schüttelte sie sich und schloss damit ihr Resümee, das sie ihrem Stubentiger vorgetragen hatte. Dieser schaute sie an, als hätte er alles genau verstanden, und schloss mit einem versöhnlichen »Maaaaau«. Er blieb auf Höhe des Kompostiersessels stehen, als Lilith sich auf den Weg ins Bad machte. So zügig wie heute machte sie sich für gewöhnlich selten frisch, doch die Energie des Traums schien ihr noch in den Gliedern zu stecken. Nachdem sie eine Schale Müsli hinuntergeschlungen und einen Kaffee hinuntergestürzt hatte, stellte sie Maunzi kommentarlos sein Futter hin. Sie wartete nicht darauf, dass er zum Fressen kam. Ihre Gedanken waren noch woanders. Es galt eine geniale Logoidee zu haben, vor Adam.

Maunzi blickte seinem Frauchen fragend hinterher, als sie kopfschüttelnd, das Haustier ignorierend die Wohnung verließ.

Die U-Bahn hielt. Kottbusser Tor. Lilly stieg aus. Auf dem Weg zum Büro, ertastete sie immer wieder den Apfel in ihrer Jackentasche. Sie hatte ihn nach der Arbeit nicht herausgeholt. Diese Frucht schien zu ihrem Begleiter zu werden – sogar in ihren Traum hatte das Fallobst sie verfolgt. Sie brauchte dringend Urlaub. So musste es sein. Der Aufzug. Siebter Stock.

8:54 Uhr. Eden. »Was haben Sie für mich, mein Junge?« Anatol schien bester Laune zu sein.

»Wie Sie sehen können, Herr Mighty, wurde bereits vielschichtig recherchiert«, beantwortete Adam die Frage des CEOs am frühen Morgen souverän mit einer überschwänglichen Geste Richtung Whiteboard.

9:59 Uhr. Zu dritt standen sie vor dem Whiteboard, das eindeutig nicht verbarg, dass eine Seite Lilith und eine Seite Adam gehörte. Darauf zu sehen: allerlei Skizzen, Bilder, kürzere Texte und wenig geistreiche Headlines wie »Serpentes' Superäpfel«, »Äpfel, frische Äpfel!«. Außerdem gab es erste Scribbles zum Thema Logo mit – wer hätte es gedacht – Äpfeln. Bisher war das nicht sehr originell, zugegeben. Eigentlich war es sogar ziemlich peinlich. Andererseits: Was erwartete Mighty nach nicht einmal vierundzwanzig Stunden? Ernsthaft den großen Coup, den Geistesblitz des Jahrhunderts?

Bisher hatte sich der große Meister noch mit keiner Silbe zu dem Sammelsurium an Ideen, vor dem sie

gerade standen, geäußert. Er stand nur da, die Arme verschränkt und betrachtete schweigend das Werk. Ab und an hörte man ein »Hmm« oder ein tiefes Atmen, mehr nicht. Anatol war kein Mann großer Worte. Die »Brummsprache«, wie Lilly die Laute nannte, die ihrer Meinung nach überwiegend Männer so gerne benutzten, um sich mit Geräuschen untereinander zu verständigen, war sein Spezialgebiet. Ihres nicht. Also blieb abzuwarten, ob damit aktuell Wohlwollen oder Abneigung ausgedrückt wurde. Da der CEO dafür bekannt war, sehr feinsinnig zu sein und Details und Zusammenhänge zu erkennen, wo andere erst darauf gestoßen werden mussten, nahm Lilly an, dass er gerade abwog und analysierte, was seine Zeit zu dauern schien. War das ein gutes oder ein schlechtes Zeichen?

Lilly sah Adam nervös an. Der blickte siegessicher zurück. Sie hatte kein gutes Gefühl. Sie waren so lange wach geblieben, hatten Internetseiten gewälzt, Artikel gelesen, sogar Obstsorten studiert.

Von Jonagold bis Pink Lady. Serpentes' meist angebaute Sorte, war der Paradiso-Apfel, auch »Der verbotene Apfel« genannt. Er war saftig und schmeckte süßsäuerlich. Je länger man ihn lagerte, desto mehr ließ der saure Geschmack nach. Außerdem sei er sehr fest und feinzellig, ähnlich wie Pink Lady, hatte Lilly gelesen. Auf ihrer Seite des Whiteboards konnte man es ganz deutlich ablesen. Sie hatte intensiv recherchiert und den Apfel in den Mittelpunkt gestellt. Auf Adams Seite sah es eher nach fancy Businesspunk mit Apfelakzenten aus, teilweise mehr Raumschiff als Fallobst. Seine Entwürfe und Ideen hatten immer etwas Cooles, waren nie zu weich oder zu verspielt. Das musste sie ihm leider lassen.

Wobei, jetzt wo sie beide Seiten so verglich, fand sie ihre Verspieltheit in den Entwürfen äußerst ansprechend. Ihre Scribbles waren gerade nach der kurzfristigen Überarbeitung der vergangenen Minuten freudiger und

fantasievoller geworden, ohne dabei kitschig zu sein. Der Traum schien sie inspiriert zu haben. Als der erste Schreck sich verflüchtigt hatte, hatte sich das Gefühl von Freude und Verspieltheit, das sie im Traum gespürt hatte, als sie den Dreiköpfigen hatte apportieren lassen, in ihrem Inneren ausgebreitet wie eine warme, kribbelige Umarmung. Das hatte den Entwürfen sichtlich gutgetan. Die gewohnte Disziplin und der Sinn für Logik und Rationalität würden im Zusammenspiel helfen, die sprichwörtliche Spreu vom Weizen zu trennen. »Kill your darlings« etwas, das eine Grafikdesignerin aushalten musste. Den Ideen ihren freien Lauf lassen, ganz viele Wege ausprobieren und mit Freude beschreiten, spielen, spielen, spielen und dann im nächsten Schritt: weg, weg, weg. Manchmal war das hart, zugegeben.

Anatol Mighty richtete sich auf und atmete tief ein. Lilly war sofort aus ihren Gedanken gerissen und starrte gespannt auf ihren Lehrmeister.

»Alles ganz nett!«, schloss dieser knapp, drehte sich auf dem Absatz um und ging in Richtung seines Büros. Adam und Lilly blieben die Münder offenstehen. Beide schauten einander an, dann wieder Mighty hinterher, dann wieder einander.

»Jeder von euch hat jetzt genug über Äpfel nachgedacht. Habt ihr da nicht vielleicht jemand Entscheidenden vergessen?« In der Tür hielt er kurz inne und sagte: »Dann bis morgen früh.« Bedacht und doch bestimmt schloss er hinter sich die Tür.

10:18 Uhr. Jetzt war klar, den würden sie den Rest des Tages nicht mehr sehen. Manchmal wünschte sie sich ausführlicheres Feedback. Diese kurzen Ansagen waren teilweise so kryptisch. Musste das sein? Konnte Anatol ihnen nicht wenigstens ein bisschen mehr helfen? Es war Teil seiner Förderung, nicht mehr zu tun und zu sagen als unbedingt notwendig. Lilly war das schon klar. Spaß machte es trotzdem oft nicht. Auch dieses Mal blieb sie eher frustriert als motiviert zurück. Keiner sagte ein Wort.

Als sie an ihre Plätze zurückgekehrt waren, vertiefte sich jeder erst einmal schweigend in die persönlichen E-Mails. Vor Scham oder vor Ärger, war schwer zu sagen. Vermutlich eine Mischung aus beidem. Lilith, für ihren Teil, ärgerte sich über sich selbst. Was hatte sie übersehen? »Habt ihr da nicht vielleicht jemand Entscheidenden vergessen?«, hallten die Worte ihres Mentors in ihr nach. Sie hatte in ihren Recherchen auch an die Familien gedacht, die vermutlich lieber süße, statt saure Äpfel bevorzugten, gerne in knackige, statt mehlige Exemplare beißen würden, an die Omis, die gerne Apfelkuchen backten ... die Kinder, die diesen gerne aßen ... die Wanderer, die am Apfelstand zufällig vorbeikamen und sich über eine kleine Wegzehrung freuten ... Das waren sie doch, die Entscheidenden, die es nicht zu vergessen galt, oder?

Sie ließ den Kopf auf den Schreibtisch sinken und atmete tief ein und aus, schloss die Augen. Einatmen. Pause. Ausatmen. Pause. Einatmen. Pause. Ausatmen. Dieser Moment des Atmens war so tief, dass sie leicht seufzte ... Dann schoss es ihr durch Mark und Bein. Augen öffnen. Mighty hatte recht, sie hatten bei all der Recherche über Äpfel das Wichtigste außer Acht gelassen: den Kunden! Nicht nur der Kunde ihres Kunden war wichtig, auch der Kunde selbst: Serpentes! Sie hatte Lucius Serpentes vergessen, ihren Auftraggeber. Peinlich war das! Sie würde das direkt nachholen und ihre Ideensammlung erweitern. Also, direkt, nachdem sie die Korrekturen für die Layouts dieses Autofritzen fertig gemacht hatte. Sie hatte das Thema kurz von sich geschoben, um über Serpentes' Äpfel nachdenken zu können. Und auch ein wenig, weil sie sich eigentlich nicht zuständig fühlte. Normalerweise war das Adams Kunde, allerdings war Adam gerade schwer beschäftigt. Vermutlich damit, der Kaffeemaschine beim Mahlen zuzuhören ... Er war schon seit einiger Zeit verschwunden. Vielleicht versteckt er sich auf der Toilette. Was auch immer, dachte Lilly.

»Ich werde mich gleich darum kümmern, wenn es keine zehn Minuten warten kann«, lächelte sie dem Kunden, der gerade angerufen hatte, um an sein Anliegen zu erinnern, durchs Telefon so freundlich entgegen wie sie konnte. Pause. »Natürlich verstehe ich Sie.« Auflegen. Ausatmen. Immer diese Kunden, die alles super dringend brauchten ... hatte heutzutage denn niemand mehr zehn Minuten Zeit übrig? Scheinbar nicht.

»Was schnaufst du so, Lilly?« Adam.

»Du kommst gerade recht«, kam es etwas zu hastig aus ihr heraus. »Du hast Korrekturen für dein Autoprospekt. Super dringend. Ich leite dir die E-Mail weiter. Viel Spaß.«

»Okaaaaay. Danke«, knirschte er zurück und setzte sich wieder an seinen Schreibtisch. Zum Glück war sie drum herumgekommen. Zu früh gefreut, auch bei ihr waren mittlerweile drei neue Kunden-E-Mails im Postfach gelandet.

12:14 Uhr. Zeit für die Mittagspause, und noch nichts für den Serpentes-Auftrag gemacht. Ganz klasse. Lilly machte sich deprimiert auf den Weg zu ihrem Falafel-Bagel, während der ach so disziplinierte Adam mal wieder die Mittagspause durcharbeitete, oder zumindest so tat, als ob.

Den Apfel, ihr neues Maskottchen, hatte sie wieder vor sich auf ihren Tisch gelegt. Das war allerdings bis kurz vor fünf das Einzige, was sie für das Serpentes-Projekt gebacken bekommen hatte. Der Nachmittag war gefühlt tatenlos verflogen. Leider. Adam war ein bisschen schneller gewesen. Seit etwa zwei Stunden lief er immer wieder zum Whiteboard mit neuen Ausdrucken seiner Ideen. Er hatte freundlicherweise die Teile der Magnettafel wieder von Blättern befreit, unter denen die eigentlichen Infos zu Herrn Serpentes und seinem Hof gestanden hatten. Ein mittelständisches Familienunternehmen mit Herrn Lucius Serpentes als Oberhaupt. Seine beiden Söhne sollten bekannterweise einmal den Betrieb übernehmen. Der Alte

hatte nicht den Eindruck gemacht, als ob er vorhätte, bald die Geschäftsführung abzugeben. Es sprach für ihn, dass er sich darum bemühte, seinem Nachwuchs den Betrieb mit Mehrwert zu hinterlassen. All diese oberflächlichen Fakten brachten Lilly leider nicht wirklich weiter. Sie versuchte noch einmal, anders darüber nachzudenken. Mehr den Kunden, statt den Konsumenten in den Fokus zu nehmen. Dieses Puzzleteil musste als nächstes gefunden werden, das spürte sie deutlich. Hier war dieser Baustein des runden Gesamtbildes scheinbar nicht zu finden, schade. Ein Ortswechsel konnte nicht schaden. Die Schaukel kam ihr in den Sinn.

»Ich geh schaukeln«, verkündete sie knapp und stand auf. Adam hatte es nicht einmal mitbekommen. Mal wieder stand er selbst im Zentrum seines eigenen Universums. Das war nichts Ungewöhnliches und hielt sie nicht davon ab, zu gehen. Falls er etwas von ihr wollen würde, während sie weg war, wäre es sein Problem.

Unser Kunde. Serpentes. Lucius Serpentes. Ein rüstiger Herr, der einen grimmigen Eindruck machte und im Herzen einen weichen Kern hatte. Die Schaukel schwang sanft hin und her. Ihre Beine ließ sie locker hängen, die weißen Sneaker an ihren Füßen schliffen über den glatten Boden. Sie beobachtete, wie ihre Füße sich hin und her bewegten. Ein alter, mysteriös aussehender Mann, dessen Herz komischerweise gerade für Fallobst schlug. Sprach er über seine geliebten, gehegten und gepflegten Äpfel, so hellte sich sein Gesicht auf, wurde fast freundlich. Die Schaukel quietschte leise, als würde sie versuchen, ihren Teil zu Lillys Gedanken beizutragen. An sich wirkte er zu kühl für ein so warmherziges Produkt. Lilly dachte an Omas Apfelkuchen, an »Bei Liebeskummer Apfelmus«, all solche Dinge, aber nicht an einen faltigen Mann mit strenger Miene, eher an eine rundliche, kleine Großmutter. Teilweise waren ihre Gedanken ganz schön klischeehaft. Anders zu sein, musste schließlich kein Nachteil sein. Wir sind alle Individuen

und doch alle miteinander verbunden, alles Menschen. Vielleicht war es einen Versuch wert, mal einen anderen Entwurf zu wagen und das besondere zu finden, um es im Anschluss hervorzuheben. Den Schatz bergen, von dem vielleicht nicht mal Serpentes selbst wusste, dass es ihn gab, und diesen anschließend allen in seiner funkelnden Pracht auf dem Servierteller zu präsentieren, metaphorisch gesprochen. Lilith liebte Metaphern und Wortspiele, eine Berufskrankheit. Vielen kreativ Berufenen geht es ähnlich.

Froh, ihr eigenes Schubladendenken beiseitegeschoben zu haben, erhob sie sich schwungvoll von der Schaukel und ließ ihre Zweifel von den zurückbleibenden leichten Schaukelbewegungen des Spielgeräts weit von sich tragen.

Sie setzte sich an ihr geliebtes Skizzenbuch. Ihre Hand begann wie von selbst mit dem Stift über das Papier zu gleiten. Der Körper ließ sich von ihrer Intuition führen.

19:46 Uhr.

20:12 Uhr.

21:38 Uhr. Ab und an huschte ihr Blick, ohne, dass sie wirklich registrierte wie spät es war, auf die Uhr. Es war eine Art Reflex, geboren aus dem gewohnten Zeitdruck der drohenden Deadlines des Designalltags. Sie hatte nicht mitbekommen, wann Adam gegangen war. Hatte er sich verabschiedet? Vermutlich. Er war zwar arrogant, doch an höflichen Umgangsformen fehlte es ihm für gewöhnlich nicht. Sie war so im Tunnel ihrer Ideenfindung gewesen, dass sie es nicht bemerkt hatte. Sie war ganz allein. Na ja, fast, der Apfel lag immer noch auf ihrem Tisch, störte sie allerdings nicht in ihrem Bei-sich-Sein.

»Heute bleibst du aber hier«, sagte sie bestimmt, stand auf, nahm ihre Tasche und ging. Das Licht erlosch, und der Apfel blieb im Schatten der zurückbleibenden Dunkelheit allein auf dem Tisch. Unberührt und erhaben.

Schlüsselklappern. Und als sie die Tür einen Spalt öffnete, hörte sie schon das Schnurren und fordernde Miauen von Maunzi. Zu Hause. Endlich. Lilly hatte einen Bärenhunger. Vor lauter Herumspielen mit Entwürfen und Ideen war die Nahrungsaufnahme mal wieder zu kurz gekommen. Generell war das meist ein gutes Zeichen, zumindest für den kreativen Schaffensprozess. Ihr Körper mochte das anders sehen. Sie war im Flow gewesen. Na endlich. Das erste Mal im Laufe des Serpentes-Auftrages. Zufrieden war sie natürlich trotzdem nicht. Aber wann war sie das schon?

Als sie die Fertigpfannkuchen aus der Mikrowelle nahm und einen Löffel Apfelmus darauf verteilte, fragte sie sich, ob es immer so laufen musste. Andere Leute gingen doch um achtzehn Uhr nach Hause, verbrachten dann Zeit mit ihren Hobbys, schauten Netflix am laufenden Band oder trafen Freunde, kuschelten ihre Kinder. Lilith hatte kaum Zeit für derlei Zerstreuungen, zumal sie sowieso alleinstehend und kinderlos war. Sie wollte schließlich Karriere machen, es allen zeigen. Hmmm. Diese Pfannkuchen. Guter Geschmack mischte sich mit grübelnden Gedanken und verlor sich schließlich darin. Einfach himmlisch.

Nach einer warmen Dusche landete sie endlich in ihrem kuscheligen Bett inklusive Katzenwärmflasche. Sie hatte Maunzi regelrecht ins Bett schleppen müssen. Er war im Wohnzimmer stehengeblieben und hatte sie fordernd angesehen. Gefüttert hatte sie ihn schon, bevor sie sich selbst etwas gemacht hatte. Doch wie die meisten Haustiere, kannte auch Maunzi kein Sättigungsgefühl. Sie hatte sich entschieden, hart zu bleiben, nahm ihn auf den Arm und trug ihn unter maunzendem Protest zum Bett, legte ihn auf ihren Bauch und atmete tief aus, stolz auf diesen Tag. Morgen würde sie mit ihren Ideen überzeugen, sie musste sich nur genug anstrengen, da war sie sich sicher ...

Ruhe, Komplexe!

Es war düster. Das hatte Evam sich anders vorgestellt. Das Innere der Burg war unerwartet dunkel und unübersichtlich. Es erinnerte an ein Labyrinth. Er sah Treppenaufgänge, verwinkelte Ecken, teilweise war bereits zu erkennen, dass einige von ihnen nirgendwo hinführen würden. Als er sich umsah, bemerkte er außerdem, dass das Tor, durch das er hereingekommen war, verschwunden zu sein schien. Oder war er bereits so weit hineingelaufen, dass er es nicht mehr sehen konnte? Sicher konnte er es nicht sagen. Er stand in einer Art Eingangshalle, um ihn herum führten Gänge und Treppen in alle erdenklichen Himmelsrichtungen. Nach oben, nach unten, nach rechts, nach links. Alles sah in die Jahre gekommen aus. Pflanzen wuchsen durch die Mauerritzen. Von außen hatte die Burg nicht so heruntergekommen ausgesehen, allerdings auch nicht so groß. Das Innere dieser Mauern schien unendlich zu sein. Ob er jemals wieder herausfinden würde? So viele Möglichkeiten.

Die beängstigenden Gedanken von sich drängend, versuchte er sich auf seinen Orientierungssinn zu konzentrieren. Er konnte sich dennoch kaum für eine Richtung entscheiden. Es schien niemand da zu sein, also war um Rat fragen keine Option. Wenn er ehrlich zu sich selbst war, wäre er dafür vermutlich auch zu stolz gewesen. Der unfreundliche Stadtbewohner, der ihn im Stich gelassen

hatte, als er nach dem Weg zur Burg gefragt hatte, war ihm noch sehr präsent. Er brauchte niemanden. Sollten sie ihn doch alle in Ruhe lassen. Er war unabhängig, dessen war er sich sicher.

Ein Schatten huschte an ihm vorbei. Die Bewegung riss Evam aus seinen Gedanken. Hatte er sich das nur eingebildet? Er musste weiter, keine Zeit verlieren. Den Schatz finden. Darum ging es. Angeblich war er hier in dieser Burg versteckt. Wenn Evam all diese Gänge, Treppen und Türen erkunden wollte, hatte er auf jeden Fall alle Hände voll zu tun. Er musste sich beeilen. Diese nervige Ada durfte ihm nicht zuvorkommen. Er traute ihr durchaus zu, auf eine ähnliche Lösung wie er selbst gekommen zu sein, erschien ihm die Idee mit dem Weglocken nun im Nachhinein doch so naheliegend. Sicher wissen konnte er es nicht. Wenn er schnell genug war, dachte er, konnte er es schaffen, noch vor der Abenddämmerung alles durchgesehen zu haben. Falls er sich nicht verlief. Andererseits wusste er sowieso nicht, wie er hätte zurückgehen sollen. Das Tor schien schließlich verschwunden zu sein.

Evam atmete ein und aus. Kurzentschlossen begann er mit der Treppe links neben ihm, diese war ihm am nächsten. Einfach anfangen! Wenn du nicht weißt, wo du anfangen sollst, ist es gleich, wo du anfängst. Hastig rannte er die Stufen hinauf. Die Treppe begann sich zu winden. Sie führte durch die Decke hindurch in einen düsteren Gang. Die Wände waren mit Fackeln erleuchtet. Ein Glück. Evam lief schneller und immer schneller. Langsam kam das Ende des Gangs in Sicht. Dort war Licht. Er ging durch die Tür in einen hellen großen Raum, eine Halle. Moment. Hier war er doch gestartet.

»Das darf doch nicht wahr sein!«, beschwerte sich Evam lautstark bei sich selbst. Das konnte heiter werden, versuchte er es mit Humor zu nehmen. Unbehagen stieg in ihm auf. Was, wenn er nie wieder hier herauskommen würde? Die Burg seine letzte Station bleiben würde. Was, wenn ...

Ein Rascheln, ein Schatten. Schon wieder.

»Du bist nicht gut genug ...«, flüsterte es. Rascheln, schnelle Schritte, ein Schatten. »Die anderen können das viel besser als du.«

Wieder dieses Flüstern. Evam drehte sich hierhin und dorthin, doch konnte nichts entdecken. »Gib lieber auf.«

Die Stimme wurde lauter und leiser, je nachdem, wohin der Schatten sich bewegte. Nun konnte er das ungute Gefühl in seinem Inneren nicht mehr davon abhalten, sich in seinem ganzen Körper auszubreiten. Ein dunkler Schleier, der ihn einhüllte in Melancholie, seine Beine lähmte, seine Zuversicht unter sich begrub.

Eine neue Stimme kam hinzu: »Du bist zu langsaaaam ...«, zischte sie und sprang Evam in den Nacken.

Etwas klammerte sich an ihm fest. Evam sprang auf und ab, drehte sich um die eigene Achse. Seine Reflexe funktionierten in der Schrecksituation einwandfrei und befreiten seine Glieder von der Starre, die ihn zu lähmen gedroht hatte. Ein Glück. Er zog sein Schwert, diesmal geschickter, doch er konnte nichts sehen. Ihm wurden die Augen zugehalten.

»Verschwinde, Kreatur! Was willst du von mir?«

»Nichts.« Mit dieser knappen Antwort sprang das Wesen von ihm herunter und stand breitbeinig und herausfordernd vor ihm, die Hände in die Seiten gestützt. Wie ein kleiner Kobold sah es aus. »Ich möchte nur, dass du nicht weiterkommst«, grinste es.

»Nicht weiterkommst«, ertönte eine andere Stimme, und der nächste kleine Fiesling kam ums Eck gesprungen. Noch mehr folgten.

»Weil du zu schlecht bist.«

»Weil du nicht männlich genug bist.«

»Weil die anderen besser sind als du.«

»Weil du das noch nie konntest.«

Sie redeten alle durcheinander und wuselten um ihn herum.

»Typografie war noch nie deine Stärke.«

»Digital zeichnen wirst du nie lernen.«

»Zu schlecht« Manchmal rumpelten sie ihn an, manchmal sprangen sie direkt an seinem Kopf vorbei.

»Zu schlecht, zu schlecht, zu schlecht«, sangen alle im Chor und tanzten um Evam herum.

»Seid endlich ruhig!«, schrie er die nervtötenden Gestalten an. Stille. Sie schauten ihn neugierig an. »Was wisst ihr schon!«

Ohne die koboldartigen Gestalten eines weiteren Blickes zu würdigen, lief er bestimmten Schrittes in Richtung der nächsten Treppe. Er hatte schließlich etwas zu erledigen. Was bildeten sich diese dahergelaufenen Zwerge eigentlich ein? So was musste er sich nicht antun. Taps. Taps. Taps. Er hielt an. Ein Blick zurück.

»Ist das euer Ernst?« Mit zusammengekniffenen Augen warf er einen vernichtenden Blick auf die Nervbolde, wie er sie in Gedanken ab sofort nennen wollte, wendete sich ab und lief weiter, entschlossen, sie nicht mehr zu beachten. Sie liefen ihm weiterhin nach. Alle. Die Geräusche der Schritte verrieten sie. Immerhin waren sie jetzt still, dachte er beim Weitergehen, als er, kaum war der Gedanke zu Ende gedacht, hinter sich ein »Zu schlecht« hörte.

»Kein Wort mehr!«, herrschte Evam zurück. »Diese miesen, kleinen Kobolde!«, sagte er mehr zu sich selbst als zu den Wesen.

»Das sind Komplexe«, hörte er unvermittelt die mysteriöse Frauenstimme, die er bereits von der Begegnung mit dem dreiköpfigen Hund kannte. »Sie wollen dich ablenken und von deinem Weg abbringen, dich von deinem Ziel abhalten.«

Aha, dachte Evam. Und ging weiter. Seine Angst war Unmut gewichen und hatte sich zwischenzeitlich zu einer ausgewachsenen Wut gesteigert. Diese ominöse Frauenstimme, die alles besser wusste, hatte ihm gerade noch gefehlt. Er wandte sich dem nächstbesten Weg

zu, fest entschlossen, alle zu ignorieren und sich weiter seinen Erkundungen zu widmen. Diese Treppe war sogar noch steiler als die erste. Nach einiger Zeit, die Kobolde, beziehungsweise Komplexe, hatten nichts mehr gesagt, spürte Evam Erschöpfung. Er setzte sich kurz auf die Stufen, um zu ruhen.

»Siehst du, du kannst es nicht«, kicherte der Wicht, der ihm am nächsten stand.

»Was hast du da eigentlich?«, fragte ein anderer und griff frech in Evams Manteltasche.

»Ein rotes Ding«, sagte der nächste.

»Gib mir den Apfel zurück.« Evam packte den Gnom am Arm, hob ihn hoch und griff sich mit der anderen Hand den Apfel. Er war weniger überrascht, dass das Obst wieder aufgetaucht war, als er es hätte sein sollen. Irgendwie war das zu erwarten gewesen. Er schien es nicht loszuwerden, egal, ob jemand es ihm wegnahm, oder er den Apfel selbst wegwarf. Trotzdem, so ein mieser kleiner Wicht sollte seinen Apfel nicht anfassen! Er steckte ihn zurück in seine Tasche, stand auf und ging weiter. Die Komplexe folgten ihm.

Auch diese Treppe führte zu einem weiteren Raum. Endlich war er an einer großen, schweren Tür angekommen.

»Kriegst du eh nicht auf.«

»Du bist zu schwach.«

»Zu schlecht.«

»Zu schlecht.«

»Zu …«

Evam ignorierte das Gerede und stemmte die Türe auf. Das durfte doch nicht wahr sein. Er war wieder in der Eingangshalle gelandet. Frust stieg ihn ihm auf. Er wandte sich seinen Verfolgern zu.

»Gebt es zu. Ihr wusstet das!«, herrschte er in Richtung der Komplexe. Hände wurden vor den Mund gehalten. Augenpaare wurden zu umgedrehten Halbmonden der Verzückung. Erst Kichern. Dann schallendes Gelächter.

»Lass dich nicht beirren«, tröstete die Frauenstimme fürsorglich.

»Ihr sollt mich ALLE in Ruhe lassen!«, schrie Evam sich die Ohren zuhaltend und rannte kurzentschlossen los. Er würde diese kleinen Monster schon abhängen. Treppe rauf. Treppe runter. Den Gang entlang. Abbiegen. Nächster Gang. Geradeaus. Bloß nicht nachlassen. Schneller. Immer schneller. All seine Energie steckte er in seine Beine, vom eigenen Stolz getrieben. Er ignorierte, dass er immer und immer wieder in der Eingangshalle landete. Es war ihm egal, er wollte einfach nur weg. Irgendeiner dieser Wege musste schließlich woanders hinführen. Er würde sie alle ausprobieren, und wenn es den ganzen Tag dauern würde! Er brauchte niemanden. Keine Komplexe, keine säuselnde Frauenstimme. Nichts und niemanden. Er war unabhängig!

»Was du suchst, wirst du in diesen Gängen nicht finden«, hörte er die weibliche Stimme mit bedacht und ruhig flüstern. »Du musst das Oberhaupt der Burg finden, das erhaben über allem steht.«

Evam wurde langsamer und blieb schließlich stehen. »Das Oberhaupt der Burg finden?«, schnaufte er, außer Atem. Die Energie ging ihm langsam aus.

»Zu schlecht.«

»Zu schlecht.«

»Schaffst du eh nicht«, wurden die Stimmen hinter ihm langsam wieder lauter. Ob das wohl der gleiche Typ war, von dem die Stadtbewohner gesagt hatten, ihm wäre alles gleichgültig?

»Ja, von dieser Person sprachen sie«, bestätigte die Frauenstimme seine Gedanken. Okay. Innehalten. Er war wie verrückt und mit all seiner Kraft durch diese Gänge gerannt, hatte Treppen erklommen und sich fast dabei überschlagen. Nichts hatte es gebracht. Allein würde er vielleicht wirklich nicht weiterkommen, dämmerte es Evam allmählich.

»Schaffst du eh nicht, eh nicht, eh nicht«. Da waren sie wieder. Diese Kreaturen hatten ihn eingeholt.

»Erinnere dich, was dir beim letzten Mal geholfen hat.« Es war, als würde sie ihm mit ihrer wunderschönen, verständnisvollen Stimme, direkt in sein Ohr flüstern. Evam begann etwas widerwillig zu überlegen, bemüht, seinen Stolz beiseitezulassen, die Hilfe anzunehmen. Was hatte ihm denn geholfen, als er sich dem dreiköpfigen Hund entgegengestellt hatte?

»Eh nicht, eh nicht« ...

Stimmt! Er hatte anders gedacht. Sogar total gegensätzlich. Hatte seine Perspektive gewechselt. Statt mit Disziplin und rationalem Denken, hatte er sich mit alberner Verspieltheit und Fantasie aus der leidvoll-frostigen Affäre gezogen – genau genommen hatte es ihm am Ende sogar Freude bereitet.

Okay. Was hatte er diesmal gemacht? Er war durch diese Burg gerannt wie ein Irrer und hatte sich dabei alle Mühe gegeben, diese nervtötenden Komplexe zu ignorieren und sich dabei geweigert, auf die mysteriöse Frauenstimme zu hören, die ihm schon einmal geholfen hatte. Er wollte es unbedingt allein schaffen und hielt sich für schlauer und besser. Er wollte diesen Komplexen beweisen, dass sie nicht recht hatten und er eben nicht ZU SCHLECHT war! Der kindliche Trotz, der aus diesem Verhalten sprach, schrie ihn gerade zu an. Peinlich war das! Doch wie konnte er überzeugend wirken, wenn er sich helfen ließ? Verdammter Stolz.

Okay. Erster Schritt: Nicht mehr davonrennen.

Er setzte sich hin, machte genau das, was ihm beim letzten Hindernis, dem Dreiköpfigen, nicht weitergebracht hatte. Wobei, das konnte man so auch nicht sagen. In der Stille war ihm die Stimme erschienen, und er hatte die Idee zur Lösung gehabt. Ruhe finden. Ausatmen.

Natürlich fingen die Koboldkomplexe wieder an zu leiern:

»Du bist zu schlecht.«

»Das schaffst du eh nicht.«

»Nicht gut genug!«

Diesmal sagte er nichts. Er hörte ihnen zu. Und als sie ihren Tanz bereits einige Zeit getanzt hatten, wurde es etwas stiller. Er fragte sie: »Wofür bin ich nicht gut genug? Das Oberhaupt und den Schatz zu finden?«

Schweigen. Sie schauten ihn mit großen Augen an.

»Du wirst scheitern, und das wollen wir nicht«, sagte der kleinste der Komplexe.

»Wir wollen ... dich beschützen. Bleib hier bei uns, in Sicherheit.«

Evam stand langsam auf und nickte dem kleinen Komplex zu, der ihn mit hoffnungsvollen Augen ansah. »Ihr habt eine komische Art, eure Fürsorge zu zeigen. Ich werde nicht scheitern. Sicherlich, ich habe noch viel zu lernen, doch eins ist klar, meine kleinen Freunde, wenn ich hier bei euch bleibe, werde ich es nicht herausfinden und AUF JEDEN FALL scheitern.«

Die kleinen Wesen neigten ihre Köpfe fragend zur Seite, dann richteten sie sich synchron wieder auf und nickten. »Das wollen wir nicht ... auf jeden Fall scheitern«, sagte der kleine Komplex. Sie wendeten Evam unvermittelt den Rücken zu und gingen langsamen Schrittes in die Dunkelheit.

»Danke«, sagte er leise, als er ihnen nachsah, wissend, die Wesen erfolgreich verabschiedet zu haben.

Nächster Schritt: »Hilf mir, mysteriöse Stimme. Ich weiß nicht mehr weiter«, bat er demütig in die Leere des Raumes hinein und landete dabei auf seinen Knien. Sein Kopf war gesenkt. Die Hände lagen auf seinen Oberschenkeln.

»Bitte.« Ein Moment der Stille verging.

»Willkommen, junger Mann.« Eine unbekannte Stimme hatte zu ihm gesprochen. Ruhig, bedacht, ebenfalls weiblich, jedoch klang diese Stimme viel fragiler, älter als seine mystische Helferin. Er hob den Kopf und sah eine alte, freundlich lächelnde Frau. Mit krummem Rücken stand sie vor ihm. Sie trug ein schlichtes Gewand, ähnlich

dem, welches Mönche traditionell zu tragen pflegen. »Darf ich mal sehen?« Sie streckte ihm die schlanken Finger sanft entgegen.

»Was? Sehen?«, flüsterte er unsicher.

»Das, was du bei dir trägst.«

Seine Hand griff zum Schaft seines Schwertes.

»Nicht das«, sagte sie milde lächelnd. »Ich meine das in deiner Tasche.«

Er brauchte einen Moment. Dann gab Evam ihr zögerlich den Apfel.

»Fast schon eine schöne Tradition, oder? Das mit dem Apfel und den außergewöhnlichen Herausforderungen, meine ich. Bewahre sie, solche Erfahrungen sind wertvoll.«

»Wer bist du?«, fragte er zögerlich.

»Ich bin sie.« Sie schaute in die Richtung, wohin die Komplexe verschwunden waren. »Ich bin das.« Sie zeigte auf sein Schwert. »Ich bin sie.« Sie schaute in die Luft. Vermutlich meinte die Alte damit die mysteriöse Frauenstimme. »Ich bin du.« Und nach einigen Sekunden des Schweigens fügte sie hinzu: »... und gleichzeitig bin ich nichts davon.« Sie setzte sich im Schneidersitz vor ihn hin und schloss die Augen. Ein weiterer Moment der Stille wurde von der Zeit sanft davongetragen.

»Ich bin dein Selbst.
Die Seele der Dinge.
Das Zentrum.
Ich bin alles und ich bin nichts.«

Sie warf ihm, die Augen nach wie vor geschlossen, mit einer ungewöhnlichen Zielgenauigkeit den Apfel zu ...

Er flog wie in Zeitlupe durch die Luft ...

»Die viel wichtigere Frage ist doch: WER. BIST. DU?«

... Evam fing den Apfel, blinzelte und schloss demütig seine Augen.

WER. BIST. DU?

Zu Blabla

Lilly öffnete die Augen. Blick auf den Wecker. **6:03 Uhr.** Obwohl es sowieso bald Zeit zum Aufstehen war, ließ sie sich noch einmal ins Kissen zurücksinken. Was war das für ein seltsamer Traum gewesen? Sie fühlte sich merkwürdigerweise ganz entspannt und ausgeruht. An ihrem Ohr schnurrte es. »Ja, ich habe einfach da weitergeträumt, wo ich gestern aufgehört hatte. Wahnsinn, oder?« Noch mehr Schnurren war die Antwort. »Mit dir kann man aber auch echt nicht vernünftig reden.«

Lilly richtete sich auf und schlüpfte wie jeden Morgen hastig in ihre heißgeliebten Tiger-Hausschuhe. Maunzi folgte ihr, wie jeden Tag. Laut maunzend blieb er auch diesmal im Wohnzimmer stehen. Lilith merkte es kaum, so freute sie sich über ihr ausgeruhtes Selbst. Sie wunderte sich nicht mal, dass sie Maunzi erst zu seinem Napf tragen musste, bevor er begann genüsslich zu fressen. Es dauerte nicht lange, bis der Napf leer war. Alles ging leicht von der Hand. Heute machte sie sich sogar ein Müsli mit frischen Früchten und eigens dafür gekauften Kakaonips, die sie bisher nie genutzt hatte. Ein Kaffee mit extra viel Schaum, natürlich mit Mandelmilch, komplettierte das Genießerfrühstück. Beides genoss sie in aller Ruhe. Sie beobachtete während des Kauens Maunzi, den sie durch die Küchentür, den Flur und die offen stehende Wohnzimmertüre auf dem Kompostiersessel sitzen sah.

Er begann, nachdem er ihr ein fast fordernd klingendes
»Maauuuuuu« entgegengeschrien hatte, sich gemütlich
zu rekeln und zu putzen. Fast beleidigt wirkte diese Geste.
Aber wirkten Katzen nicht immer irgendwie beleidigt und
in ihrem Tigerstolz gekränkt? Das frühe Erwachen hatte
den Tag ganz anders beginnen lassen. Sie spürte bereits die
Wirkung von Zucker und Koffein. Großartig, ein langer
und bedeutender Arbeitstag lag vor ihr.

Volle U-Bahn, anstrengender Adam. Fast wie gehabt.
Allerdings war an diesem Morgen alles etwas weniger
nervig als sonst. Ob das nur daran lag, dass sie pünktlich
und ausgeruht aufgestanden war, oder auch daran, dass
sie diesen Traum gehabt hatte? Diese Frau am Ende hatte
etwas Hypnotisierend-Beruhigendes an sich gehabt. Ganz
im Gegensatz zu diesen kleinen Dingern, wie hießen
die noch? Komplexe. Genau. Das waren wirklich ihre
Komplexe gewesen, gestand sie sich, am morgendlichen
Tee nippend, den Apfel auf ihrem Schreibtisch im Blick,
zögerlich ein. Nicht gut genug zu sein, war seit jeher
ihr Thema; sich mit anderen zu vergleichen, ihr größtes
Laster. Nichts konnte einen mehr deprimieren und die
Laune nach unten drücken. Doch wie sie im Traum bereits
festgestellt hatte, wenn sie bei diesen herunterziehenden
Stimmen in ihrem Inneren blieb, würde sie auf jeden Fall
scheitern. Und das kam nicht infrage. Sie hatte es geschafft,
die negativen Stimmen im Traum wegzuschicken, also
musste das doch auch im echten Leben möglich sein.
Heute war eine gute Gelegenheit, das zu üben, sagte sie
sich selbst.

Sie saß an ihrem Platz; der Apfel schien sie heute sogar
anzulächeln.

»Die viel wichtigere Frage ist doch: WER. BIST. DU?«,
hallte es in ihrem Kopf nach. Das war eine wirklich gute
Frage. Zugegeben.

8:59 Uhr. »Und? Was haben Sie heute für mich?«

»Sie können gespannt sein, Herr Mighty, das wird großartig«, platzte es selbstbewusst und angeberisch aus Adam heraus, noch bevor Lilly Gelegenheit gehabt hatte, Luft zu holen. Zufrieden nickend verschwand Mighty in seinem Büro; dabei schien sein silbergrauer Pferdeschwanz erwartungsvoll hin und her zu wippen. Alles Einbildung.

»Ich erwarte Sie beide um zehn Uhr mit entsprechenden Entwürfen in meinem Büro.« Und schon war der hypnotisch schwingende, graumelierte Haarschopf samt seinem Besitzer verschwunden. Ein leises Klicken war zu hören, als die Türe sanft ins Schloss viel. Ein Moment der Stille.

»Oh mein Gott, wir sind geliefert, Lilly!«, unterbrach Adam das Schweigen.

»Ach, das klang aber gerade noch ganz anders.«

»Was hätte ich denn sagen sollen? ›Wir haben nichts, Herr Mighty, bitte werfen Sie uns nicht raus.‹ Richtig klasse!« Der Sarkasmus in seiner etwas zu hoch klingenden Stimme war kaum zu überhören. Plötzlich wirkte ihr Kollege hilflos. War seine arrogante Art nur eine Fassade, die nun bröckelte?

»Ruhig bleiben. Wir schaffen das«, lächelte Lilly die Hektik hinfort und zwinkerte dem Apfel, der ihr neuer Fan zu werden schien, verschmitzt zu. Die beiden Grafikdesigner räumten zügig, aber ohne Panik ihre Schreibtische bis auf die letzte Skizze leer und pinnten alles an das Whiteboard. Lillys Bemühungen, ruhig zu bleiben, schienen zumindest teilweise zu klappen.

»Was ist hiermit?« fragte Lilith, ihren Stolz beiseiteschiebend, ihren Kollegen.

»Zu kitschig.«

»Und das hier? Das sieht doch seriös und vertrauenswürdig aus.« Sie ließ sich nicht entmutigen.

»Zu langweilig.«

Lilly schnaufte. Dieser Adam und sein vermaledeiter Rationalismus. Zu dies. Zu das. Bla bla bla. Sie konnte es nicht mehr hören.

»Wir nehmen das da, dieses hier und das dort«, verkündete er, die Papiere vom Whiteboard rupfend.

»Ich dachte, das dort wäre zu kitschig?« Lilly war irritiert.

»Mir egal, irgendeinen deiner Entwürfe müssen wir schließlich auch nehmen.« Seine Stimme klang herausfordernd, fast bockig. Vermutlich schlug er das nur vor, damit seine Entwürfe am Ende besser dastanden als ihre, ärgerte sie sich innerlich. Das würde Adam ähnlich sehen. Immer muss er im Mittelpunkt stehen und seine ach so glorreichen Leistungen präsentieren. Warum war sie aber auch immer so introvertiert, wenn es um das Vertreten ihrer Designs ging? Sie war doch sonst nicht so. Egal, der sogenannte kitschige Entwurf war sowieso ihr Favorit gewesen. Vermutlich war es trotzdem naiv, zu denken, dass er durchkommen würde. Es würde sich zeigen. Wie in ihrem Traum, ruhig bleiben, Stolz beiseiteschieben und Vertrauen haben in die traditionell per Hand gezeichneten Entwürfe, die sie mit Herzblut angefertigt hatte.

Es fiel ihr schwer. An diesem Tag war die Luft zwischen Adam und ihr zum Schneiden dick, da konnte ihr selbst der buddhistische Ansatz ihres Traumes nicht genügend Rückenwind geben.

Beide machten sich hastig daran, ihre Favoriten zu vektorisieren. So wurde im professionellen Grafikprogramm aus groben Ideen eine digitale Zeichnung mit klaren Kanten und scharfer Auflösung. Die Logoentwürfe wurden greifbarer.

9:38 Uhr. Jetzt musste es schnell gehen. Zum Glück war Lilly ein Ass im vektorbasierten Programm Illustrator. Der Vorteil an dem Programm war, dass die daraus resultierenden Dateien unendlich skalierbar waren und dadurch immer ihre Schärfe behielten. Das lag daran, dass sie nicht aus Pixeln, also aneinandergereihten Bildpunkten, sondern aus Punkten und Vektoren aufgebaut waren. Davon konnte Adam nur träumen, der alte Photoshop-Nerd. Vermutlich

schob er gerade hastig Pixel zurecht in der Hoffnung, es würde am Ende keiner merken. Das Programm war grundlegend für die Bildbearbeitung konzipiert, nicht dafür, Logo-Dateien zu erstellen. In Bildbearbeitung war Adam wirklich eine Koryphäe, das musste Lilly neidlos zugeben. Seitdem die Bildbearbeitung in großem Maßstab durch künstliche Intelligenz unterstützt wurde, arbeitete Adam schnell wie der Blitz. Warum war sie eigentlich bisher zu stolz gewesen, ihn um Hilfe zu bitten, wenn sie sich in Photoshop schwertat? Vielleicht würde er sie dann im Gegenzug auch einmal nach Tipps für Illustrator fragen. Eigentlich komisch.

»Los, Lilly, schnell ausdrucken.«

»Ja doch!« Piep. Piep. Piep. Nacheinander kamen die drei A4-Blätter aus dem Drucker, darauf zu sehen drei Entwürfe, die gar nicht mal so übel waren. Sie war aufgeregt, Adam ebenfalls. Beide blickten sich einen Moment an, nickten synchron und machten sich auf zum Büro des CIOs. Nach einem höflichen, zaghaften Klopfen Lillys traten beide ein.

10:01 Uhr. »Das ist Schrott. Und das auch. Dieses hier ist ganz okay, aber das reicht nicht. Noch einmal. Wir sehen uns morgen früh zehn Uhr wieder. Viel Erfolg.« Dieses kurze, knackige Feedback Mightys ließ die beiden Kollegen ratlos und frustriert zurück.

10:12 Uhr. Sitz. Schnauf. Kopf auf den Tisch. »Was machen wir denn jetzt?« Blick zu Adam. Der starrte teilnahmslos auf seinen frischgebrühten Kaffee. Der Dampf schien Unheil verheißend aus dem braunen Getränk aufzusteigen. Er hielt sich an der Tasse fest, als würde sein Leben davon abhängen.

»Ich wusste es!«, schnaubte er.

»Es hilft nichts, wir müssen noch mal ran«, konterte Lilly etwas zu forsch. Adam nickte nur knapp. Und beide versanken wieder tief in die Welt ihrer Bildschirme. Den ganzen Tag wurden Pixel hin und her geschubst, Skizzen

gemacht, das Internet nach Inspiration durchforstet, sich gegenseitig konfrontativ angeschwiegen. Dann beschloss Lilith, es ihrem Traum-Ich gleich zu tun und ihre Taktik zu ändern. Es musste endlich ein Ende haben mit dem Ego und der Konkurrenz. Sie fragte Adam, sich vorsichtig an Zusammenarbeit herantastend, ab und an um Rat zu ihren Entwürfen. Das hatte sie vorher nie getan. Wenn es im Traum funktionierte, warum dann nicht auch in der Wachwelt. Sie hatte schließlich nichts zu verlieren. Und, wer hätte das gedacht: Er freute sich sogar und teilte gerne seine Meinung mit ihr. Ihm schien gar nicht aufzufallen, dass gerade Außergewöhnliches zwischen ihnen vorging. Spät am Abend geschah schließlich etwas Unerwartetes: Adam, der sonst so ichbezogene Adam, fragte sie, Lilith, ebenfalls um Rat. Ein gar nicht so schlechtes Gefühl, gemeinsam über Entwürfe nachzudenken. Freude und Dankbarkeit breiteten sich in ihrem Körper aus. Ein Gefühl, an das man sich gewöhnen konnte.

Sein persönlicher Favorit war nach wie vor deutlich cooler und rationaler als ihrer. Bei ihrem waren die Farben dafür knalliger, die Formen ausdrucksstärker. Der für ihn gelungenste seiner Entwürfe überzeugte eher mit schlanker Eleganz, zurückgenommen. Den ein oder anderen Effekt konnte er sich allerdings nicht verkneifen. Auf derlei Firlefanz verzichtete Lilly in der Regel völlig. Das war ihr zu angeberisch. Es musste auch so funktionieren, ohne auf dicke Hose zu machen. Zumindest ihrer Meinung nach. In ihr wuchs das Gefühl, das es gerade ihre Unterschiede waren, die sich ergänzten. Die eigenen Fähigkeiten und Stärken wurden gerade durch die Andersartigkeit des anderen deutlich. So konnte Lilith wertschätzen, dass sie auf für ihr Empfinden unnütze Effekte verzichtete, gerade weil Adam anderer Meinung war, und darüber nachdenken, was für Beweggründe er für seine Arbeitsweise haben könnte. Manchmal traute sie sich sogar nachzufragen. Ein interessanter Austausch, der neue Perspektiven eröffnete,

fing an, wie ein kleines Pflänzchen zaghaft Wurzeln zu schlagen.

Lange blickten sie gemeinsam auf ihre bisherigen Ergebnisse. Es tat gut, die Egos und den Stolz zur Seite zu schieben und bei der Sache zu bleiben. Bei all der unabhängigen Freigeistigkeit war Mann wie Frau als kreativschaffende Seele schließlich traditionell dazu verpflichtet, eine visuelle Lösung für ein zunächst schwer greifbares Kommunikationsproblem zu finden. Im Sinne des Kunden, nicht im Sinne des eigenen Portfolios. Das konnte man leicht vergessen vor lauter Zeitdruck und Konkurrenzdenken.

»Ich habe noch einen ... äh ... etwas verspielteren, verrückteren Entwurf«, gab Adam zögerlich zu und brachte damit Lillys Aufmerksamkeit zurück in den Raum. »Ich dachte, ich versuche einmal etwas mehr wie du zu denken.«

»Wie ich?« Liliths Verwunderung schwang deutlich in ihrem Tonfall mit. »Okay, dann zeig mal«, ermutigte sie ihn schließlich.

»Gut, aber lach nicht! ... Pass auf, Serpentes heißt übersetzt Schlange, ist das nicht der Wahnsinn?« Das hatte sie auch schon festgestellt, allerdings hielt sie das nicht für relevant und umsetzbar. Schlange und Apfel? Was sollten da bitte für positive Assoziationen kommen? Gerade als Frau kam einem direkt der Sündenfall aus der biblischen Schöpfungsgeschichte ins Gedächtnis — ihr eigener Vorname verlieh der Interpretation der Situation etwas Komisches. Schließlich war die biblische Lilith schuld gewesen, dass Adam und Eva aus dem Paradies vertrieben worden waren. Ihre Eifersucht und ihre perfide Art hatten Eva dazu verführt, den verbotenen Apfel zu kosten. Dank ihr trugen alle Frauen nun den Stempel der Schuld. Verdammtes Patriarchat. Wegen so einem ollen Märchen litten Frauen weltweit seit Jahrhunderten, fühlten Frauen sich dem Mann untertan und unterdrückten ihre weibliche

Kraft. Ein Glück, war die westliche Welt der Moderne in diesem Punkt schon um einiges weitergekommen, dachte sie erleichtert, sich dessen bewusst, dass trotzdem noch viel in Sachen menschlicher Würde und Wertschätzung zu tun blieb ...

»Ich habe eine Kombination aus Apfel und Schlange gemacht«, unterbrach Adam nicht mit wenig Stolz in der Stimme ihre Gedanken und schob die Blätter beiseite, die über den versteckten Entwürfen lagen. Die Trübsal, die sich hatte einschleichen wollen, wich einer hoffnungsfrohen Spannung »Schau, wie sie aus dem Apfel kommt.« Er lächelte sie beim Sprechen erwartungsvoll an und wartete auf Lillys Reaktion.

Nach einer kurzen Bedenkpause fing Lilith an zu kichern und lachte dann inbrünstig los. »Du weißt, dass du einen Wurm gemacht hast? Ich weiß, ich sollte nicht lachen, aber es sieht aus, als wäre der Apfel verwurmt ... ›Hier schauen Sie, Herr Serpentes, ist das nicht toll? So denkt jeder, ihre Äpfel wären so bio, dass sie Würmer haben.‹« Lilith tat so, als würde sie präsentieren. »Oh ja, und das Beste: Sie müssen keine maroden Äpfel mehr entsorgen. Ha, ha.«

Schweigen. Sie war zu weit gegangen. Lilith war die Einzige, die den Witz lustig gefunden hatte.

20:03 Uhr. Adam war eingeschnappt nach Hause gegangen. Das zarte Band der Zusammenarbeit schien gerissen. Scheinbar war es gar nicht so leicht, alte Muster hinter sich zu lassen. Dabei hatte es anfänglich so gut geklappt, den eigenen Stolz zu vergessen und mit ruhigem Händchen konzentriert bei der Sache zu bleiben – gemeinsam. Jetzt tat Lilly ihre unsensible Art mit Adams Entwurf umzugehen leid. Demut machte sich breit.

Als sie ihren Wohnungsschlüssel an den Haken hängte, dachte sie »Was für ein Tag.« So hatten die beiden tatsächlich noch nie zusammengearbeitet. Klar, die Schlangenidee war semigut gewesen, und ihre Art Feedback zu geben, hat

Empathie vermissen lassen, aber Adams Idee war witzig und erfrischend. Sie hatten sich nichts vorzuwerfen und heute alles gegeben.

Lilly nahm die Katze auf den Arm und drückte ihr Gesicht in das kuschelige Fell, dann setzte sie ihren Liebling wieder auf den Boden. »Du kleine Fellnase. Ich liebe dich sehr.«

Nach dem Abendbrot ging sie gähnend ins Bad, duschte genüsslich und machte sich nach dem Zähneputzen direkt auf ins Bett. Was hätte sie auch noch länger im Bad tun sollen? Eine Badewanne hatte sie nicht und auch sonst war das Bad ziemlich überschaubar. Eines Tages würde sie ein kleines Haus für sich und Maunzi haben, mit einem richtig schönen Bad, versprach sie sich selbst und traute ihrem eigenen Versprechen dabei noch nicht recht über den Weg. Schließlich war sie gut in ihrem Job, oder nicht? Was sprach dagegen, schon bald sehr viel Geld damit zu verdienen? Heute war einer der Tage, von denen man nicht wusste, ob man sie als gut oder schlecht werten sollte. Das Licht ging aus, und Lilly schlief nach wenigen Minuten ein. Sie vergaß vor lauter Gedanken sogar, Maunzi ins Schlafzimmer zu tragen. Er blieb im Wohnzimmer und ließ sich schließlich auf den Sessel, der eigentlich auf Lilith wartete, nieder. Ein leises Schnurren vibrierte zart durch die in Schlaf gesunkene Wohnung. **21:34 Uhr.**

schatten, extra klug

»Ich bin dein Selbst.
   Die Seele der Dinge.
   Das Zentrum.
   Ich bin alles und ich bin nichts.«
   Sie warf ihm den Apfel zu ...
   »Die viel wichtigere Frage ist doch: WER. BIST. DU?«

Er fing die mysteriöse Frucht. Déjà-vu, Evam hatte ein Déjà-vu. Blinzelnd hob er seinen Blick und erwiderte: »Woher weiß ich, wer ich bin?«

»Das wirst du nicht herausfinden, indem du hier sitzen bleibst.«

Evam nickte stumm und steckte seinen rotbackigen Begleiter in seine Manteltasche zurück. Es war wirklich schon fast ein Ritual geworden. »Aber wie komme ich hier wieder raus?«

»Willst du zurück in die Stadt?«, fragte die alte Dame mit einer taktvollen Höflichkeit in der Stimme.

»Nein.« Klar und bestimmt kam die Antwort aus seinem Mund.

»Gut, dann folge mir.« Mit langsamen Bewegungen ging die alte Frau, die sich »das Selbst« genannt hatte, voraus. Es war gerade das Gegenteil von dem, was Evam vorher versucht hatte. Er war energiegeladen durch alle Gänge gerannt wie ein Verrückter, was ihm inzwischen dumm vorkam.

Sie durchschritten die Halle und nahmen den Gang, der direkt vor ihnen lag, es ging immer nur geradeaus. Auch hier war Evam schon entlanggerannt, ohne Erfolg. Warum sollte es diesmal anders ausgehen? Wie beim vergangenen Versuch endete der Gang, wie alle anderen Wege vor ihm, mit einer Tür. So weit war bisher nichts Neues passiert, außer, dass sie viel langsamer gegangen waren als er vorher. Moment, hatte diese Tür nicht eben noch einen Knauf gehabt? Wo war der hingekommen?

»Wir sind da«, verkündete die Alte mit einem milden Lächeln auf dem Gesicht. Sie wandte sich, ohne zu zögern, von ihm ab und begab sich bedächtigen Schrittes auf den Rückweg.

»Aber ... Stopp! Was soll ich tun?« Evam hatte ihr den Arm entgegengestreckt, als wolle er sie mit einer unsichtbaren Macht aufhalten.

Sie hielt einen Moment inne, drehte sich um und sagte: »Mehr darüber herausfinden, wer du bist.« Sie lief bedächtig weiter. Schritt für Schritt. Ein zweites Mal drehte sie sich nicht zu ihm um.

Evam sah ihr nach, bis sie nicht mehr zu sehen war, und noch etwas länger als nötig. Sein Arm schien währenddessen still und leise zurück an seinen Platz neben seinem Oberkörper gewandert zu sein. Seine Hand hielt den Apfel in der Manteltasche. Es war eine unbewusste Bewegung gewesen. Die Frucht schien ihm Sicherheit zu geben – etwas, an dem man sich festhalten konnte, wenn es scheinbar keinen Halt mehr gab.

Er drehte sich um und wandte seine Aufmerksamkeit wieder der Tür zu. Sie sah aus wie zuvor, bis auf die Sache mit dem Türknauf. Verdammt. Seine Hände berührten vorsichtig die glatte Oberfläche des Durchgangs. Er hatte einen hölzernen Rahmen. Die Türfläche selbst war pechschwarz. Es war auf jeden Fall kein schwarzes Loch, durch das man einfach durchgehen konnte. Schade. Dagegenstemmen brachte rein gar nichts. Er nahm Anlauf.

Es rumste. Mehr Kraft einzusetzen, brachte ihm nichts außer eine schmerzende Schulter. Vielleicht war der Knauf einfach unsichtbar geworden. Dass hier alles möglich war, das hatte er mittlerweile begriffen. Evam tastete die ganze Türe inklusive Rahmen ab. Nichts. Dafür, dass er sich selbst immer für so klug hielt, fiel ihm gerade verdammt wenig ein.

Er wollte nicht aufgeben, also trat er ein paar Schritte zurück, um sicherzugehen, dass er nichts übersehen hatte. Während er jeden Zentimeter einzeln mit seinem prüfenden Blick abtastete, strichen seine Finger in der Manteltasche immer wieder über die Oberfläche des Apfels. Er nahm ihn heraus, um ihn noch einmal anzusehen. Glatt war seine Oberfläche, rot seine Bäckchen. All die vergangenen Abenteuer schienen ihm nichts angetan zu haben. Eine Reflexion. Evam musste blinzeln. Sein Blick wurde schnell wieder klarer.

Konnte das wahr sein? Er sah den Apfel in der Fläche der Tür, ein kleiner roter Ball schwebte in der Luft. Unglaublich. Er trat langsam näher, um das Phänomen genauer zu beäugen, und da fiel ihm noch etwas auf. Mit dem Apfel kam eine schemenhafte Gestalt ebenfalls näher. Dunkel, schlank, ruhigen Schrittes. Das Wesen hielt den Apfel, genauso wie Evam ihn hielt. War das etwa …? Weiße Augen sahen ihn teilnahmslos an, blinzelten langsam. Evam hob den Apfel. Die Gestalt hob den Apfel. Tatsächlich. Das war sein Abbild. Er drehte sich um. Stand da jemand hinter ihm? Nein, da war nichts. Keine Komplexe, keine Madame »Selbst«. Nichts. Nicht einmal einen Schatten hatte er. Keinen Schatten? Das stimmte nicht. Als er den Blick vor sich auf den Boden richtete, fiel ihm auf, dass sein Schatten vom Boden aus in Richtung des Portals reichte und in dieses hineinführte. Er verschmolz mit der dunklen Gestalt. Das war keine Tür, das war ein Spiegel. Das wurde ihm nun klar. Die simultan zu ihm ausgeführten Bewegungen irritierten Evam.

»Bist du … mein Schatten?«, traute er sich schließlich zu fragen.

»Ich bin du«, gab die Gestalt zurück. Die Stimme war seltsam anders, weiblich zwar, aber doch tiefer als eine gewöhnliche Frauenstimme. Der Körper undefinierbar, zierlich, aber nicht direkt feminin. Tatsächlich ein bisschen wie Evam.

»Okay, wer bist du?« wiederholte er seine Frage.

»Ich bin du.« Die gleiche Antwort.

»Du kannst nicht ich sein, okay? Weil, ich stehe nämlich hier, und du stehst dort drin. Ich frage dich noch einmal: Wer. Bist. Du?«

»Ich bin du.«

Langsam wurde er sauer. Die Parallele zu seinem eigenen Gespräch mit seinem Selbst war ihm kaum aufgefallen und erschien unwichtig. So würde er nie weiterkommen.

»Ich bin all das …«, begann sein Ebenbild zu antworten und plötzlich erschien die Assoziation zum vorherigen Gespräch weit weniger lapidar, »… was du nicht sein willst und trotzdem bist«, schloss es schließlich.

Evam knirschte mit den Zähnen. »Was bedeutet das? Was ich nicht sein will … Du nervst mich mit deinen Rätseln. Ihr ALLE nervt mich mit euren Rätseln.« Er hämmerte mit den Fäusten gegen den Spiegel, die Hand immer noch um den Apfel geballt. Er hatte genug davon. Kaum war eine Aufgabe gemeistert, kam direkt die nächste um die Ecke und forderte seinen Geist bis aufs Äußerste.

»Du musst nicht mit mir reden, wenn du nicht willst«, gab die Schattengestalt gelassen zurück, und ihre Erscheinung verblasste.

»Stopp!« Evam hämmerte gegen den Spiegel. »Bleib hier! Bitte!« Er ließ sich langsam auf die Knie sinken. Der Apfel rollte ihm aus der Hand. Sein Blick blieb einige Momente in wachsender Verzweiflung gesenkt. Okay, diesmal brauchte die mysteriöse Frauenstimme ihm nicht helfen. Er würde selbst draufkommen. Schließlich war er

ein intelligenter und empathischer Mensch, es musste doch möglich sein, mit dieser Gestalt ins Gespräch zu kommen. Anders denken. Anders denken. Vielleicht war er etwas zu ruppig gewesen.

»Ich werde dich nicht wieder anschreien. Komm bitte zurück.«

Die Gestalt erschien und schaute ihn erwartungsvoll an.

»Lass mich bitte durch dieses Portal.«

Keine Reaktion.

»Ich weiß, dass du mich durchlassen kannst!«

Wieder starrte der Schatten stumm zurück.

»Gib wenigsten zu, dass es so ist.« Evams Stimme war während seines kleinen Monologs lauter geworden, ohne dass er es bemerkte.

»Kann ich. Du hast wieder geschrien.« Der Schatten verschwand. Schwärze.

»Wie naiv bist du denn? Du verhältst dich wie ein introvertierter Stein und glaubst, ich werde davon nicht wütend?« Seine Faust ballte sich. »Komm. Wieder. Zurück.« Erneut klopfte er frustriert gegen das Portal.

Er nahm den Apfel und schmetterte ihn gegen den Spiegel. Vielleicht konnte er das Tording zerbrechen. Die Oberfläche blieb unversehrt. Der Apfel prallte wider Evams Erwartungen nicht ab oder barst in Apfelkompott, sondern blieb erst am Spiegel kleben und wurde dann langsam von der schwarzen Oberfläche absorbiert. Ein goldenes Licht umhüllte die Frucht auf zauberhafte Weise. Alles geschah wie in Zeitlupe. Auf der anderen Seite des Spiegels hielt die Schattengestalt den Schattenapfel an die Stelle, wo Evams Apfel gelandet war. »Was machst du denn da?«, entfuhr es Evam fast panisch. Der hysterische Anstrich seiner Stimme erschreckte ihn etwas.

»Du hast ihn mir geschenkt«. Die Gestalt verschwand erneut und mit ihr der Apfel. Erneut Schwärze. Frust stieg auf.

Hat das Ding wirklich nicht gemerkt, dass Evam den Apfel aus Ungeduld und Zorn geworfen hatte? Dummer Schatten.

»Der Schatten ist ein Teil von dir. Er glaubt nicht, dass du ihm etwas Böses willst. So, wie er dir nichts Böses will. Er will nur verstanden werden. So wie du«, sprach die Frauenstimme sanft und einfühlsam. Sie kam ihm mittlerweile schon fast wie eine Freundin vor. »Er möchte Teil von dir sein, integriert werden. So, wie die beiden Äpfel jetzt eins sind. Stoße ihn nicht ab und du wirst sehen …«, sprach sie und verschwand in der Stille. So viel hatte sie noch nie mit ihm gesprochen.

Er möchte verstanden werden. So wie du. … möchte Teil von dir sein, wiederholte er in Gedanken. Was hatte das zu bedeuten? Diese Gestalt ging ihm heftig auf die Nerven. Dieser Schatten war naiv und dumm oder stellte sich dumm, das konnte Evam nicht einschätzen. Außerdem war, er oder sie, was auch immer der Schatten war, ein introvertierter Stein. Super anstrengend. Solche Leute machten Evam verrückt, das war schon immer so gewesen. Er selbst wollte nie so sein! Deshalb konnte er trotz besseren Wissens nicht ruhig bleiben.

Warum regte ihn das eigentlich so auf? Die Frage tauchte unvermittelt auf und wollte beantwortet werden. Weil er selbst sich eigentlich für naiv und zu introvertiert hielt, allerdings hatte er das nie zugeben können, bis jetzt. »Ich bin du«, hatte das Wesen gesagt. Repräsentierte es all die Anteile in ihm, die Evam nicht haben wollte? Es musste so sein. Und wenn dieser Schatten, sein Schatten, zu ihm gehören wollte, so, wie die Frauenstimme ihm gesagt hatte, dann musste darin die Lösung liegen. Er dachte daran, was vor wenigen Momenten mit dem Apfel geschehen war, beziehungsweise mit den beiden Äpfeln. Sie waren miteinander verschmolzen und dann beide in dem Portal verschwunden. War das nicht Evams Ziel? Dort hineinzukommen? Wo auch immer er dann landen würde.

Dort musste der Schatz, das geheimnisvolle Artefakt, zu finden sein. Der Schatz, der ihm dazu verhelfen würde, DAS SCHMUCKSTÜCK zu fertigen, die beste Idee aller Zeiten zu haben, um endlich die Anerkennung zu finden, die er verdiente.

»Weißt du, ich bin auch manchmal etwas naiv, so wie du. Das ist gar nicht schlimm.« Evam sprach zögerlich und leise. »Ich denke, diese Naivität lässt uns die Welt mit anderen Augen sehen. Wir glauben an das Gute im Menschen, verlieren nie die Hoffnung. Wir sind vertrauensvoll, und das ist etwas Schönes, weißt du.«

Die Schattengestalt tauchte langsam wieder auf. Sie neigte den Kopf nach rechts, als würde sie versuchen, genau zu verstehen, was Evam ihr erzählte. Er hatte ihre Aufmerksamkeit wieder, das war sehr gut. Er sprach weiter, diesmal etwas lauter und weniger zögerlich. »Und es ist auch gar nichts schlimm daran, dass du zurückhaltend bist und nicht direkt mit jedem warm wirst. Auch, dass du lieber erst einmal überlegst, bevor du etwas sagst, nicht immer direkt das Bedürfnis hast, reagieren zu müssen. Ich bewundere das, wirklich.«

»Vorhin hat es dich wütend gemacht«, erinnerte ihn die Gestalt.

»Ja, weil ich selbst gerne die Kraft hätte, diesen Teil von mir auszuleben. Es scheint, als würde die Welt das von einem erwarten, laut und fordernd zu sein, dabei wäre ich lieber öfter so wie du. Würde mich gerne zurückziehen können, wenn es mir zu viel wird, und dabei selbstbestimmt ich sein.«

»Ich BIN du«, erinnerte der Schatten versöhnlich.

Beide schwiegen lange.

»Du meinst, ich kann das, darf das alles auch sein?« Zweifelnd sah Evam zu seinem Ebenbild auf, das ihm stumm zunickte und seine Hand, die noch immer den Apfel festhielt, hochnahm und von innen gegen das Glas drückte, als würde er Evam den Apfel reichen wollen.

Evam schaute erst auf den Apfel, dann auf das Schattenwesen, das ihn erwartungsvoll ansah. Der Blick der Gestalt wanderte zwischen Evam und dem Apfel hin und her, immer wieder. Konnte er das wirklich tun? Konnte er sich selbst all das glauben, dass er gerade dem seltsamen Wesen vor sich gesagt hatte.

All das, was ich bin, aber nicht sein möchte, dachte er und erinnerte sich an seine bisherigen Abenteuer. Die alte weise Frau, das Selbst, hatte ihn Demut gelehrt und was es bedeutete, ruhig und bedacht handeln zu können, gezeigt, dass auch Traditionen wertvoll sind. Auch die Komplexe hatte er nicht mit sich in Verbindung bringen wollen. Sie waren verschwunden, als er sie gesehen und ihnen die Macht genommen hatte, indem er ihnen gezeigt hatte, dass sie gerade das für ihn bewirken, was sie nicht bewirken wollen. Der dreiköpfige Hund machte den Weg frei, als er getan hatte, was lange verdrängt worden war. Verspielt sein, der Fantasie freien Lauf lassen wie ein Kind, der Freude folgen. All das waren Teile seiner Persönlichkeit gewesen, schon immer, und jetzt zeigte ihm die Schattengestalt weitere verborgene Anteile, diesmal ungeliebte. Naivität und Introvertiertheit. Er hatte es selbst gesagt, auch diese vermeintlich negativen Wesenszüge waren nicht per se schlecht. Sie gehörten zu ihm und sie hatten ihre Berechtigung. Evam verstand.

Er hob seine Hand und streckte sie seinerseits in Richtung des Apfels aus, den das Wesen ihm immer noch geduldig entgegenhielt. Diesmal kam seine Hand nicht auf der flachen Fläche des Spiegelportals an, sondern griff hindurch, umschloss den Apfel und die Hand des Schattens, die ihn hielt. Er machte einen Schritt nach vorne, die Gestalt schritt ihm ebenfalls entgegen. Und langsam, wie durch Magie, wurden beide zu Einem. Goldenes Licht umhüllte das ungleiche Paar, als Evam und sein Spiegelbild auf der anderen Seite des Spiegels miteinander verschmolzen.

»Du bist wertvoll, weil du bist, wie du bist. Bleib dir treu und du wirst von Liebe umhüllt sein«, hörte er die mysteriöse Frauenstimme sagen, während alles um ihn herum schwarz wurde und er sich im Schatten auflöste, sich hingab und all das losließ, was nicht mehr zu ihm gehörte, und all das integrierte, das er war ...

schläpfel & Apflangen

Erschrocken wachte sie auf. »Para-Para...« So schnell hatte sie noch nie den Ausknopf gedrückt. **7:00 Uhr** Sie atmete schneller als gewöhnlich. Ihr Herz klopfte. Lilly tastete ihren ganzen Körper ab, der sich irgendwie seltsam anfühlte, kribbelig und warm, als hätte der Traum es in die Wirklichkeit geschafft. Die Sonne strahlte durch das Schlafzimmerfenster und blendete. Sie musste den Blick in Richtung Boden abwenden. Einen Schatten schien sie noch zu haben, also war sie nicht wirklich eins geworden mit ihrem dunklen Selbst. Der Traum hatte recht, sie hatte diese Anteile in sich immer verdrängt, wollte nicht als das dumme, naive Mädchen gelten, das vom Leben keine Ahnung hatte. In der Schule war sie immer die Stille gewesen, die nichts sagte. Das hatte ihr keine Freunde eingebracht. Sie hatte schnell gemerkt, dass diejenigen gemocht wurden, die kluge Sprüche klopften, ob sie wirklich klug waren, spielte dabei keine Rolle. Irgendwann hatte sie sich ein Herz gefasst und war auch lauter geworden, suchte den Kontakt, und es gefiel ihr sogar. Sie fand schnell neue Freunde und Bekannte dazu, fühlte sich fortan nicht mehr allein und ausgeschlossen.

Erst in diesem Moment merkte sie, dass sie dadurch auch etwas verloren hatte. Ihre Beobachterfähigkeit. Neugierig, naiv, aufgeschlossen alles so zu betrachten, als hätte sie es zum ersten Mal gesehen. Schweigend die Dinge auf sich wirken zu lassen. Anderen Zeit zu geben. Ruhig zu bleiben.

Im immer schneller werdenden Alltag schien kein Platz zu sein, für diese vermeintlich ineffiziente Art zu leben. Es kam auf Leistung an, darauf, möglichst keine Fehler zu machen. Energisch und diszipliniert die eigenen Ziele zu verfolgen, die Dinge rational und effizient anzugehen. In der Agentur war es nicht anders. Um sie herum war alles auf Leistung und Erfolg getrimmt, und sie hatte sich über die Jahre angepasst. War selbst leistungsorientierter, rationaler und extrovertierter geworden, hatte ihre anderen Wesensanteile, die vermeintlich schwachen, in den Schatten gedrängt. Sie war nicht mehr sie selbst gewesen.

»Miaaaaau!« Maunzi war bereits im Durchgangszimmer, beziehungsweise Wohnzimmer, eigentlich war es das Wohnzimmer, erinnerte sie sich selbst. Er stand, wie jeden Morgen wartend vor dem Sessel. Vor dem Sessel ... Wieso stand er eigentlich immer dort?

Sie beobachtetet ihn eine ganze Zeit lang. Er blickte sie unverwandt an, setzte sich hin und fing an, sich genüsslich zu putzen. Lilith hatte fest damit gerechnet, dass das Miauen zunehmen und er vehement nach Futter verlangen würde. Das tat er nicht. Es schien ihm zu reichen, auf seine Position aufmerksam gemacht zu haben. Seltsam. Warum war ihr das nicht schon die letzten Tage aufgefallen, wiederholte er dieses Schauspiel doch täglich? Weil sie diesmal nicht an ihm vorbeigehuscht war, ihn nicht zu seinem Napf getragen hatte. Sie verhielt sich gerade, wie in ihren Träumen, anders als sonst, änderte den Blickwinkel. Eine interessante Erfahrung. Mehr konnte sie in diesem Moment leider nicht herausfinden, denn sie musste dringend zur Arbeit. Sie ließ Maunzi sitzen, richtete seinen Futternapf und hastete, nachdem die üblichen morgendlichen Abläufe erledigt waren, aus der Wohnung.

Als sie ein wenig später als gewöhnlich angekommen war, hatte sich an diesem Tag niemand anders verhalten. Auch Mighty hatte sie nicht angesprochen. Glück gehabt. Sie saß nun bereits einige Zeit an ihrem Schreibtisch, doch

diese Gedanken an ihre introvertierte, naive Seite ließen sie einfach nicht los.

10:12 Uhr. Heute lag die Herausforderung darin, sich aus all den Ideen, die sie bisher gesammelt hatten, diejenigen auszusuchen, die erfolgversprechend waren. Mighty hatte sie erst für sechzehn Uhr bestellt. Ausnahmsweise. Mal etwas mehr Zeit. Die Idee mit der Schlange war vielleicht gar nicht so schlecht gewesen, fand sie. Adam hatte es geschafft, anders zu denken, das war gut.

»Lass uns die Schlange noch einmal anschauen«, forderte Lilly Adam zögerlich auf.

»Das ist eine blöde Idee, du hast mich doch gestern erst damit aufgezogen. Als ob so ein alberner Gedanke am Ende zum Erfolg führen wird.«

Sie nickte ihm ermutigend zu.

»Na schön.« Adam kramte, wie bereits am Tag zuvor, aus den untersten Schichten seines Stapels die Schlangenidee hervor, den Wurm im Apfel, und pinnte sie zu den anderen Ideen an das Whiteboard. »Bitte, da hast du esssssss …«, zischte er, eine Schlange imitierend, während er schelmisch eine Augenbraue hochzog und Lilly dabei ansah. Er konnte sich ein kleines Schmunzeln nicht verkneifen. Die Atmosphäre lockerte sich.

Lilith schmunzelte ebenfalls. »Es ist nicht so naiv, wie du denkst. Der Ansatz ist gut. Vielleicht lässt sich etwas daraus machen. Lass uns noch einmal gemeinsam darüber nachdenken«, gab Lilly zu bedenken.

»Okay, dann gemeinsam.« Adam willigte überraschenderweise direkt ein. Wer hätte das gedacht. Sie arbeiteten eine ganze Weile konzentriert.

12:02 Uhr. »Sandwich-Bagel-Time!«, verkündete Lilly und machte den obligatorischen Gang zum Bio-Bistro.

Sie aßen diesmal zusammen und machten wirklich Pause, ließen die Entwürfe für einen Moment ruhen. Während

Adam da saß und auf seinem Bagel herumkaute, beobachtete Lilly ihren Kollegen und bemerkte das erste Mal, dass auch er neugierig auf seine Umwelt blickte. Er schien diese Pause genauso zu brauchen wie sie. Vielleicht war es für ihn ebenso anstrengend und er machte die Pausen aus Pflichtbewusstsein und Unsicherheit durch, nicht, weil er keine Ruhe brauchte. Sein Bein wackelte unentwegt, während er aß. Er schien etwas nervös zu sein. Ungewohnte Situation, Pause machen und dann noch mit ihr, der Konkurrentin um die Gunst des CIOs. Das stellte sie sich durchaus irritierend für ihn vor, sie selbst war schließlich auch ein wenig aufgeregt in dieser neuen Arbeitssituation. Zusammenarbeit. Fühlt sich gut an. Anatol riss sie aus ihren Gedanken. Als er an ihnen vorbei Richtung Kaffeemaschine lief, fragte er wohlwollend und dennoch bestimmt: »Neumann, Gottlieb. Wie läuft es?«

»Gut, danke«, kam es wie aus der Pistole geschossen von beiden und sie mussten lachen.

Anschließend stürzten sie sich auf Schlangen und Äpfel. Irgendwie mussten die beiden Dinge sich doch verbinden lassen, ohne, dass es direkt wie eine Einladung in die Hölle wirkte. Ein kleines sympathisches Zwinkern sollte dabei herauskommen. Serpentes, die Schlange im Paradies, die den leckeren, verführerischen Apfel darbot. Wenn man so darüber nachdachte, war das vielleicht doch keine so glorreiche Idee. Doch Schlangen wirkten nicht immer negativ, fand Lilly. Man denke nur an die medizinische Schlange. Ein altes Symbol, klar.

»Was könnte man machen? Hmm, was könnte man machen? Einen Schlapfel? Eine Apflange?«, plapperte sie schmunzelnd vor sich hin.

»Hey Lilly, sag mal ...«, warf Adam schelmisch ein, »... gibt es auch eine Apfkurze?«

Erneut lachten sie gemeinsam.

»Oh wow, du hast es auf die Spitze getrieben«, prustete sie. Was war das nur für ein besonderer Tag. Sie hatte noch nie so viel Freude bei ihrer Arbeit empfunden, geschweige denn bei der Arbeit mit Adam. Daran könnte sie sich glatt gewöhnen. Die Zeit verging wie im Flug. Langsam dachte sie wieder wie ein Kind.

»Du siehst aus, als würdest du etwas aushecken.« Adam hob erneut die Augenbraue.

»Geheimnis«, sagte sie und zwinkerte. Die verrückten Überlegungen machten ihr Spaß. Sie dachte kaum noch an den Stress, an die Deadline, an den Druck. Gerade hatte sie nur ihren eigenen Spaß im Sinn, sich ihrer Fantasie hinzugeben und einfach auf dem Papier herumzuspinnen. Ein Apfel mit grünen Schuppen und einer langen gespaltenen Zunge? Lilly zeichnete einen Apfel, dessen obligatorisches Blatt gespalten erschien; einen mit einem geschuppten Kleid, natürlich grün, wie eine Boa. Außerdem eine Schlange, die einen Apfel verschluckt hatte. Sie erinnerte sich an die Schlange aus »Der kleine Prinz«, welche die Erwachsenen mit einem Hut verwechselten und in der einfachen Form nicht die Schlange erkannten, die einen Elefanten verschluckt hatte. Der Buchstabe S in Form des berühmten Kriechtiers hing natürlich schon längst als Skizze verewigt am Whiteboard. Adam hatte es bereits bei einer seiner ersten Entwürfe mit im Angebot gehabt. Auffällig war außerdem, dass viele der Äpfel Ähnlichkeiten mit dem Logo von Apple hatten. Sie waren eindeutig gebrannte Kinder.

14:42 Uhr. Adam und Lilly waren noch nicht wirklich weitergekommen. Nichts schien so richtig zu gefallen. Vielleicht waren sie mit ihrer Idee doch auf dem Holzweg? Sie hatten die Sache im Kern noch nicht verstanden.

»Kern«, sagte Lilly mehr zu sich selbst. »Das könnte es sein.«

»Was hast du gesagt?«, fragte Adam, selbst tief in die Erprobung der verschiedenen Optionen vertieft. Er wälzte

schon seit geraumer Zeit im gemeinsamen Fundus herum. Schnitt teilweise mal etwas aus, klebte etwas auf ein anderes Papier, ergänzte mit dem Stift, radierte, zerknüllte Blätter, warf sie in den Papierkorb, begann einen neuen Bogen zu bearbeiten. Lilly hingegen war still geworden, starrte schon seit einer gefühlten Ewigkeit auf ihren Freund, den Apfel, der selbst im Traum immer bei ihr zu bleiben schien. Sie drehte ihn, betrachtete jede einzelne Unebenheit, sogar die einzelnen Farbnuancen studierte sie genau, von hellrot über rosa zu dunkelrot, auch eine kleine grüne Stelle war dabei. Die war ihr vorher noch nie aufgefallen. »Kern«, wiederholte sie ihre Feststellung. »Wir müssen die Sache bis zum Kern durchdringen.« Sie stand auf und ging hinaus Richtung Küche.

»O-okay?«, wunderte sich Adam und sah ihr nach.

Als sie mit einem Küchenmesser zurückkam, blinzelte er verwundert. »Was hast du denn jetzt damit vor?«

»Ich werde den Apfel aufschneiden.« Sie nahm das Obst und schnitt es nicht wie gewöhnlich auf, sondern suchte den Querschnitt des Apfels.

»Also, wenn du ihn essen möchtest, dann solltest du ihn lieber in Spalten, statt in Ringe schneiden, Lilly, sonst hast du doch ständig die Kerne in der Mitte. Oder willst du mir, wie in der Schule, erklären was ein Querschnitt ist und wie man den Umfang berechnet? Das weiß ich nämlich schon«, witzelte er aus Verlegenheit, weil er nicht wusste, worauf sie hinauswollte.

»Siehst du das?« Sie zeigte mit der kreisrunden Fläche des Apfels auf Adam. »Ein Stern aus Apfelkernen. Das ist es!« Und tatsächlich, im Zentrum der Apfelscheibe befanden sich fünf Apfelkerne, die kreisförmig angeordnet waren wie ein Stern. Er verstand, was sie ihm zeigte, dennoch kam er in seinem Bemühen, ihr Ansinnen nachzuvollziehen, nicht weiter.

»Für ‚Serpentes’ Apfelhof‘ brauchen wir einen Apostroph, richtig?«, ergänzte sie ihre Erklärung mit

einem Unterton in der Stimme, der eine Mischung aus Ungeduld und Aufregung war.

»Ja, und?«, kam es zögerlich aus ihm heraus. Langsam kam er sich dumm vor.

»Wir können versuchen, diese Form zu abstrahieren und den Stern aus Apfelkernen als Apostroph verwenden. Er verweist durch die sternförmige Anordnung auf die Besonderheit der Äpfel und ist gleichzeitig grammatikalisch korrekt«, verkündete Lilly stolz.

»Ein angedeuteter Kreis drum herum, und du denkst nicht nur an die aufgehende Sonne, sondern auch an einen Apfel. Tadaaaaa! Gute Idee«, ergänze Adam strahlend. Nun war der sprichwörtliche Groschen auch bei ihm gefallen.

»Das ist es!«, wiederholten beide wie aus einem Mund und machten sich an die Umsetzung des Entwurfs.

15:03 Uhr. Noch etwas Zeit. Sie erstellten zügig ein paar Mockups des Logoentwurfs: Visitenkarten mit Briefpapier und ein Plakat für den Aufsteller vor dem obligatorischen Hofladen. Schließlich sollte man sich vorstellen können, worauf das Ganze hinauslief.

15.55 Uhr. Es war genial!

16:06 Uhr. »Ich verstehe Ihren Punkt.« Mighty nickte anerkennend. »Das ist keine schlechte Idee. Grafisch schlicht und doch nicht emotionslos. Gut.«

Adam und Lilly schauten sich erwartungsvoll an. »Also können wir das für Herrn Serpentes morgen so vorbereiten?«

»Nein, ich denke nicht«, sagte Mighty knapp mit neutralem Tonfall.

»Aber wieso nicht?« Die Freude verschwand aus ihren Gesichtern.

»Es ist zu wenig böse Schlange. Haben Sie diesen Kerl gesehen? Wenn der seinem Namen nicht alle Ehre macht mit seiner zerknitterten Miene, dann weiß ich auch

nicht.« Anatol lachte laut. Als niemand mit ihm lachte, ergänzte er mit einem schelmischen Grinsen. »Kommen Sie schon: Neumann, Gottlieb. Ich mache nur Spaß. Setzen Sie es um. Sie wissen, dass das noch nicht ausgereift ist. Bis morgen werden Sie das schon hinkriegen. Ich habe vollstes Vertrauen. Wir werden sehen, was Herr Serpentes dazu sagt.« Anatol Mighty verschwand ohne ein weiteres Wort aus dem Besprechungszimmer und ließ die beiden mit dem Ansatz eines möglicherweise genialen Logos zurück.

Zaghaft und langsam gingen die Mundwinkel wieder nach oben. Erleichterung machte sich breit. Sie nickten sich entschlossen zu und verließen das Besprechungszimmer, um direkt an ihre Schreibtische zurückzukehren.

Die Idee war gut. Bloß stimmig wollte sie einfach nicht werden. Aus zwei Stunden wurden drei und dann vier. Bis Lilly ins Bett kam, war es wieder fast Mitternacht geworden.

23:37 Uhr. Maunzi hatte gegessen, was Lilly nur wusste, weil sie den Napf kontrolliert hatte, denn es schien, als habe er seine Position am Sessel scheinbar nicht verlassen. Allerdings lag er nun darauf und schnurrte sie an. Sein Blick war auf sie gerichtet. Das Schnurren wurde immer lauter, als sie sich ihm und der kuscheligen Sitzgelegenheit näherte. Der Bass vibrierte beim Streicheln durch ihre Hände.

»Möchtest du nicht mit ins Bett?«, fragte sie noch. Zu müde eine Antwort abzuwarten, lief sie weiter Richtung weicher Schlafstatt. »Du weißt, wo ich bin«, gähnte sie. Ein leises Schnurren drang als Antwort an ihr Ohr. Ihr letzter Gedanke galt dem armen zerschnittenen Apfel. Ob er morgen auch unversehrt auf ihrem Platz stehen würde, so heil, wie der Apfel in ihrem Traum stets wieder aufzutauchen pflegte?

Weiblichkeit & Erkenntnis

Evam wachte auf. Er blinzelte. Seine Augen schafften es erst allmählich, die Umgebung scharf zu stellen. Wo war er? Was war passiert? Burg. Hund. Komplexe. Selbst. Schatten. Die Erinnerungen zuckten wie Blitze durch sein Gedächtnis. Schatz! Was war mit dem Schatz? Er musste auf der richtigen Spur sein. Der Spiegel, das Portal. Sein Schatten war nirgends zu sehen. In seiner rechten Hand hielt er den Apfel. Wie ein Anker gab er ihm Sicherheit in dieser ungewohnten Umgebung. Das einzig Vertraute, das ihm geblieben war.

Der Boden war hart, ungemütlich. Schemenhaft erkannte er eine dschungelartige Umgebung vor sich. Hinter ihm breitete sich eine Landschaft, eine Wüste ähnlich, aus, und über ihm, über ihm die Sterne. Als wäre er im Weltraum selbst, leuchteten sie ihm entgegen und erhellten die Umgebung. Das galaktische Leuchten verlieh diesem Ort etwas Magisches, Mystisches.

Der Apfel fing an, sich wie von Zauberhand zu bewegen, als wolle er den wundersamen Eindruck des Ortes noch unterstreichen. Er schwebte Evam aus der Hand und hielt vor seinem Gesicht an. Er schien zu leuchten.

»Du bist im kollektiven Unterbewusstsein«, sprach die mittlerweile vertraute Frauenstimme. Sie schien aus dem Apfel zu kommen. Oder bildete Evam sich das nur ein?

»Im was?«

Keine Antwort. Stattdessen verschwand der Apfel urplötzlich. In einem goldenen Leuchten löste er sich auf. Evam erschrak. Diese Situation fühlte sich noch kurioser an als alle anderen zuvor. Vielleicht war er noch bewusstlos. Kontrollgriff in die Manteltasche. Nichts. Das war seltsam. Es hatte sonst immer geklappt. Die ganze Zeit hatte er sich gewünscht, dieses Ding endlich los zu sein, und jetzt vermisste er diesen roten Apfel schmerzlich. Ein Gefühl von Einsamkeit breitete sich in ihm aus, beginnend im Herzbereich. Er war schließlich die einzige Konstante auf seiner langen Abenteuerreise gewesen. Das kleine Obst hatte ihn nie verlassen, genauso wie die liebliche, freundliche Frauenstimme.

Ob es da einen Zusammenhang gab?

Der Einsamkeit folgte Traurigkeit. Seine Glieder waren nun ebenfalls betroffen. Das unangenehme Gefühlsbad wollte sich gerade zu einer ausgewachsenen Verzweiflung wandeln, als Evam unvermittelt aus seinen Gedanken gerissen wurde. »Blödam.«

Er sah auf und schüttelte einen Moment später die negativen Gefühle ab, sprang auf und bewegte sich ein wenig. Okay, das war der Beweis, er war nach wie vor bewusstlos und träumte.

»Du hast es also auch in das Reich des kollektiven Unterbewusstseins geschafft, ja?«

Er drehte sich um. »Ada?« Er musste sich eingestehen, dass er froh war, Ada zu sehen. Es ging ihr gut. Ein vertrautes Gesicht. Auch wenn sie grundlegend nervte, gerade hätte er sie abknutschen können.

»Ja, wer denn sonst? Hast du schon herausgefunden, in welcher Richtung der Schatz verborgen liegt?«, fragte sie mit einer Beiläufigkeit in der Stimme, als würde es darum gehen, im Gasthaus ein Horn voll Met zu bestellen.

»Ich bin wirklich froh, dich zu sehen, noch froher wäre ich allerdings, wenn du endlich aufhören würdest, mich Blödam zu nennen. Bitte. Danke.«

»Okay, ich versuche es, kann aber nichts versprechen. Also, weißt du nun, wo es lang geht?«

Er sah an ihr vorbei in die Ferne. »Oh, ich denke, das dort könnte ein gutes Zeichen sein«, sagte er und zeigte mit seiner Hand in Richtung Dschungel. Tief im Dickicht sah man ein rotes Leuchten.

»Oder ein schlechtes«, gab Ada zu bedenken, nachdem sie es ebenfalls gesehen hatte. »Was solls, wenn wir es nicht versuchen, werden wir es nie herausfinden«, verkündete sie, ohne sich anmerken zu lassen, dass sie etwas verunsichert war. Sonst so forsch und frech, ertappte sie sich in der fremden Umgebung dabei, etwas kleinlaut geworden zu sein. Sie fühlte sich definitiv besser, jetzt, da Evam in ihrer Nähe war. Hoffentlich merkte er das nicht, und wenn er es merkte, ließ er es hoffentlich unkommentiert. Nicht, dass er noch anfing, sich etwas darauf einzubilden.

Sie liefen los.

»Weißt du, ich habe die Wüste zuerst inspiziert und nichts gefunden. Der Dschungel ist da schon eine andere Nummer«, erklärte sie ihm, während sie sich gemeinsam einen Weg bahnten. »Sag mal, Evam, warum bist du eigentlich so versessen darauf, diesen Schatz zu finden?«, fragte sie voller Mitgefühl und klang dabei seltsam liebevoll.

»Weil ich endlich kein Lehrling mehr sein will. Ich darf mich nie um die echten Kostbarkeiten kümmern. Du musst das doch verstehen, dir geht es schließlich auch nicht anders. Wir beide, wir machen immer nur die Fleißarbeit. Jeden Tag, seit Jahren. Stört dich das nicht?«

»Nicht so sehr, nein«, antwortete sie gelassen.

»Und wieso bist DU dann auf der Suche nach dem Schatz?«, wollte Evam wissen. Er war verwundert.

»Das bin ich nicht. Ich bin hier, um dir zu helfen. Wir teilen schließlich dieselbe Leidenschaft.«

Sie war was? Hier um IHM zu helfen?

»Wer weiß, was dich erwartet, wenn du beim Artefakt angekommen bist. Du könntest meine Hilfe brauchen, dachte ich, und hier bin ich.«

»Wie hast du …? Wie bist du …? Die Hindernisse. Wie hast du sie vor mir überwunden?« Sein Unverständnis steigerte sich ins Unermessliche.

»Das habe ich nicht. Ich bin dir auf den Fersen geblieben, habe dich beobachtet und dann getan, was du vor mir getan hast, so konnte ich immer in deiner Nähe bleiben, ohne dass du es merkst«, erklärte sie stolz.

Eine Weile gingen sie schweigend weiter. Das rote Licht schien sich nicht zu bewegen, das war beruhigend. Dieser Dschungel war seltsam ruhig. Es zeigten sich keine Tiere, weder körperlich noch durch ihre Laute. Eigentlich hätte die Stille unheimlich wirken müssen, das tat sie allerdings nicht. Evam fand das alles merkwürdig. Hier war es so anders als in der geräuschvollen, umtriebigen Goldschmiedewerkstatt in der Stadt, sogar Ada erschien ihm verändert. Sonst neckte sie ihn den ganzen Tag und ging ihm damit unglaublich auf die Nerven. In seiner neuen Gewohnheit anders zu denken, kam er darauf, dass das vielleicht die ganze Zeit bedeutet hatte, dass Evam ihr wichtig war, nicht, dass sie ihn nicht leiden konnte. Er mochte sie auch, dass konnte er nun endlich vor sich selbst zugeben. Ada war gewitzt, lustig und unglaublich schlagfertig. Fleißig, sie war sehr fleißig, und hatte dabei eine Engelsgeduld. Er hatte sie stets darum beneidet. Wollte Evam doch immer möglichst schnell ans Ziel kommen.

»Ihr könnt viel voneinander lernen«, pflegte der Meister in solchen Situationen zu sagen, wo beide einander anschweigend ihr Tagwerk verrichteten. Ihr Werkbänke standen direkt nebeneinander, was es leicht machte, sich miteinander zu vergleichen. Es war dem Meister darum gegangen, sie darauf aufmerksam zu machen, die Qualitäten des anderen wertzuschätzen, und nicht darum, sich gegenseitig zu übertrumpfen. Anscheinend war Ada

das schon die ganze Zeit klar gewesen. Er schüttelte dabei leicht den Kopf, verwundert über seine eigene Blindheit. Vielleicht konnten sie zusammen den Schatz finden und das beste Schmuckstück aller Zeiten kreieren. Sicherlich würde das der Qualität der Arbeit guttun. Schließlich stand das Werk im Vordergrund, nicht er als Einzelperson. Dass es so war, merkte er allerdings erst jetzt, als er genauer darüber nachdachte, worum es ihm eigentlich ging.

Ada hatte keine Ahnung, worüber Evam nachdachte. Es machte den Eindruck, als würde er sich schwer damit tun zu glauben, dass sie nicht gekommen war, um ihm das Artefakt wegzuschnappen, sondern um ihm zu helfen. Sah er denn nicht, dass sie beide die gleiche Leidenschaft verband? Sie liebten es, die Menschen mit ihrer Arbeit glücklich zu machen. Dabei zu helfen, Kostbarkeiten und Kleinode zu schmieden, die auf die einzelne Person zugeschnitten sind. Mit der Zeit würden sie so geübt werden, dass sie fähig sein würden, eines Tages selbst meisterliches Niveau zu erreichen. Klar, sie machten noch nicht die Hauptkonzeption, das machte der Meister, aber was machte das im Endergebnis für einen Unterschied? Jeder trug seine Fähigkeiten dazu bei, um das perfekte Ergebnis zu erzielen. Jeder Arbeitsschritt und jede Person sind von gleicher Bedeutung. Ihr leuchtete das sehr ein, und dieses Gefühl, etwas beizutragen, machte sie täglich glücklich.

Sie hielten an. Schon wieder ein Hindernis. Ein Fluss, der mitten durch den Dschungel floss, zu breit, um darüber zu springen, zu reißend, um zu schwimmen. Es war schwer zu sagen, wie tief er wohl war. Beide sahen sich an, schwiegen einen Moment, dachten nach.

»Wir gehen beide in eine Richtung des Flusses und suchen eine schmalere Stelle, über die wir dann springen können«, schlug Ada vor. Das rote Licht glomm in der Ferne. Unverändert.

»Ich befürchte, wir verlieren dadurch Sichtkontakt zum Leuchten, und wer weiß, vielleicht hört es irgendwann auf.

Wir sollten, rein objektiv betrachtet, keine Zeit vergeuden«, gab Evam zu bedenken. »Ich schwimme. Ich bin stark. Ich schaffe das.« Er setzte bereits dazu an, seinen Schwertgürtel abzulegen.

»Das ist Wahnsinn, einfach nur waghalsig.« Ada war eindeutig dagegen.

»DU wirst auf jeden Fall nicht reingehen«, sagte er bestimmt und mit Sorge in seiner Stimme.

Ada war gerührt. Er wollte sie beschützen. Es musste einen anderen Weg geben. Sie wollten sich nicht trennen, darin waren die beiden Abenteurer sich einig. Eigentlich war diese Situation prädestiniert dafür, dass die mysteriöse Frauenstimme auftauchte, aber das tat sie nicht. Seltsam. Es schien keine Lösung zu geben. Sie konnten nicht schwimmen, nicht hinüberspringen, nicht darum herumlaufen.

»Können wir ein Floß bauen? Oder einen Baum fällen, um eine Art Brücke zu bekommen?«, schlug Evam vor.

»Ohne Werkzeug?«, fragte Ada skeptisch.

Sie hatte recht, so kamen sie nicht über den Fluss. Es war möglich, dass der Fluss in den Morgenstunden weniger Wasser führen würde, das wusste Evam. Doch was war in dieser Welt überhaupt morgen, würde es überhaupt wieder heller werden? Er blickte hoch zu den Sternen. Es sah nicht danach aus. Sie schienen ihn mit ihrem leuchtenden Schimmer auszulachen.

»Lass mich kurz überlegen«, bat er Ada um einen ruhigen Moment. So leicht ließ er sich nicht mehr aus der Ruhe bringen. Auch nicht von schmunzelnden Lichtkörpern.

»Natürlich«, nickte seine Gefährtin ihm knapp zu. Evam setzte sich einen Moment auf einen Felsen an Rande des Flusses, den Kopf auf die Hände gestützt. Ada sah sich weiter um und suchte nach etwas, das hilfreich sein könnte, ohne sich weit zu entfernen. Seine harte, rationale, strebsame Seite hatte ihn nicht weitergebracht. Wenn er so darüber nachdachte, was in der letzten Zeit passiert

war, dann war der Schlüssel zur Lösung immer gewesen, andere Fähigkeiten als die gewohnten einzusetzen. Er hatte gelernt, ruhig zu bleiben, weniger impulsiv zu sein und dafür fantasievoller, freudiger an Probleme heranzugehen. Warum zeigte sich diesmal die mysteriöse Frauenstimme nicht? Als sein Blick beim Nachdenken an Ada hängenblieb, die das Flussufer studierte, fiel es ihm wie Schuppen von den Augen. »Weil ich diesmal bereits eine weibliche Stimme dabeihabe!«

»Was hast du gesagt, Evam? Hier drüben verstehe ich dich schlecht. Du musst lauter sprechen«, rief sie ihm zu. »Ich habe hier in der Mitte des Flusses einen großen Felsen entdeckt. Allerdings ist er leider ziemlich weit weg«, ergänzte sie.

Evam sprang auf, machte ein paar große Schritte und war sofort bei ihr. Er nahm sie bei den Schultern, sah ihr tief in die Augen und sagte: »Wiederhole, was du vorhin gesagt hast. Auf dem Weg hierher. Über uns beide. Bitte.«

Sie war verwundert, aber wiederholte: »Dass wir beide dieselbe Leidenschaft teilen? Meinst du das?«

»Ganz genau, und das ist die Lösung. Dieser Felsen ist unser Weg auf die andere Seite.« Evam klang fast euphorisch. »Unsere Leidenschaft rettet uns gerade.«

»Ich verstehe nicht, was du meinst.« Ada hatte sichtlich Schwierigkeiten, ihm zu folgen. Sie blieb verdutzt stehen.

Keiner von ihnen würde es allein über den Fluss schaffen, aber gemeinsam. Gemeinsam konnten sie es schaffen. Endlich begriff er. Evam positionierte sich gut sichtbar vor ihr, hob seine Hände und verhakte die beiden Zeigefinger miteinander.

»Kettenschmieden«, sagten beide wie aus einem Mund.

»Ganz genau«, sagte Evam »Wir werden uns aneinander festhalten und so bis zu dem Stein gelangen, ohne dass es uns davontreiben kann, und von dem Stein aus machen wir dasselbe, um auf die andere Seite zu gelangen.«

Ada hielt sich an einer Wurzel, die sie am Flussufer gefunden hatte, fest und reichte Evam die andere Hand. Sie verschränkten ihre Hände.

»Ich gehe jetzt rein. Lass mich nicht los. Ich laufe vorsichtig hinüber und halte mich an dem Stein fest, dann kannst du die Wurzel loslassen und zu mir kommen. Alles klar?«

»Alles klar.« Sie nickte.

Das Wasser war kalt. Evam musste sich zusammenreißen, um nicht allzu stark zu zittern. Außerdem war die Strömung stärker als gedacht. Doch er schaffte es, sich bis zu dem Stein zu strecken und sich daran festzuhalten. »Lass die Wurzel los, ich ziehe dich rüber«, rief er Ada zu. Und sie tat, was er ihr sagte. Beide befanden sich nun inmitten des Flusses. Es gab kein Zurück mehr. Ada kam in Bewegung: »Diesmal gehe ich vor und du hältst dich hier fest, du hast mehr Kraft, der Stein ist glitschig. Ich schaffe es auf die andere Seite.«

Er nickte, nahm ihre Hand fester und ließ sie begann sich vorsichtig in Richtung des anderen Ufers zu bewegen. Sie tat sich schwer gegen die Strömung, schaffte es gerade so auf die andere Seite. Dort war es schwer, einen Halt zu finden. Ihre Kräfte schwanden und auch Evam konnte sich kaum noch gegen die Strömung behaupten. Ada rutschte ab. Ein Schreck durchfuhr ihre Glieder. Da griff eine Hand die ihre. Sie sah nach oben und erblickte dort eine wunderschöne Frauengestalt.

Samtweich und einladend sah sie aus.

»Endlich habt ihr verstanden«, sagte sie und half zuerst Ada und dann Evam aus den Fluten.

Als beide auf der anderen Seite angekommen waren, waren sie am Ende ihrer Kräfte. Glücklich und klatschnass lagen sie am Flussufer. Ausatmen. Das mysteriöse Leuchten, dem sie gefolgt waren, war von der Frauengestalt ausgegangen. Evam fiel es sofort auf. Sie hielt nun den rotleuchtenden Apfel in den Händen, wartete geduldig, bis die beiden

Abenteurer wieder aufstanden und zu Atem gekommen waren.

»Der Weg war ein langer. Doch du hast endlich verstanden, Evam. Jetzt erhältst du, wonach du gesucht hast.« Sie lächelte wohlwollend und erwartungsvoll.

»Ist der Apfel etwa der Schatz?«, seine Stimme klang fast empört und gleichzeitig belustigt. »Ich hatte ihn die ganze Zeit bei mir? Wieso habe ich das nicht gemerkt? Deshalb konnte ihn mir nie jemand wegnehmen, weil er sowieso mir gehört«, gab er verwundert zurück. Wohlwollendes Schweigen. Er fuhr fort: »Er hat mir bei den Hindernissen geholfen, war der Anstoß der Gedanken, die mich zur Lösung geführt haben ... so wie ... du.« Er sah der Fremden direkt in die Augen. »Ich verstehe, also kann ich bereits jetzt, mit den Fähigkeiten, die schon die ganze Zeit in mir geschlummert haben, ein eigenes Schmuckstück kreieren, zu jeder Zeit gute Ideen haben ... und zusammen mit Ada ... «, er lächelte seiner Begleiterin zu, »... bin ich sogar unschlagbar.« Seine Gefährtin lächelte zurück und klatschte vor Freude in die Hände. »Aber eine Frage habe ich noch: Wer bist du?«, fragte er die immer noch lächelnde Frauengestalt. Blick zu Ada. Die zuckte mit den Schultern. Sie schien es auch nicht zu wissen.

»Ich bin Anima, die Inkarnation deiner Weiblichkeit ...«
Sein Blick wurde unscharf, das Gefühl einer wohligen Wärme breitete sich in Evams Brust aus.

»... Du hattest mich vergessen, Lilith, und so musste ich dir helfen, dich daran zu erinnern, wer du bist. Der Weg zu mir war weit, denn mein Reich ist das kollektive Unterbewusstsein, der Ort, an dem das Wissen aller Generationen sich in deiner Psyche versammelt, um dir beizustehen. Alles, was Weiblichkeit bedeutet und je bedeutet hat, ist hier in dir verankert. Alle Ideen, alle kreativen Ergüsse, sie sind bereits in dir und sie werden dich erreichen, wenn du zulässt, deine weiblichen Aspekte

zu leben und in Co-Kreation mit deinem Teampartner zu arbeiten, gemeinsam zu erschaffen, was schon längst erschaffen ist und nur noch darauf wartet, von euch umgesetzt zu werden. Lebe deine Stärke der Weiblichkeit, damit Adam seine Stärke der Männlichkeit leben kann. Du brauchst kein besserer Mann zu sein, du musst nicht perfekt sein. Du darfst Fehler machen und intuitiv sein. Du darfst du sein. All die Wesen, die dir auf deiner Reise begegnet sind, sind ein Teil von dir. Ada, der Schatten, das Selbst, der dreiköpfige Hund Ego, die Komplexe und ich, Anima. Wir alle gehören zu dir. Wir sind auf deiner Seite. Du bist beides, feminin und maskulin. Trau dich in Zukunft beides zu sein, nicht nur objektiv, sondern auch leidenschaftlich, nicht nur extrovertiert, auch introvertiert, nicht nur klug, sondern auch naiv, nicht nur unabhängig, sondern auch traditionell, nicht nur stolz, sondern auch demütig, nicht nur energievoll, sondern auch ruhig, nicht nur leidensfähig, sondern auch freudvoll, nicht nur diszipliniert, sondern auch verspielt, nicht nur realistisch, sondern auch fantasievoll, nicht nur männlich, sondern auch weiblich. Erinnere dich an mich, deine weibliche Seite, Anima. Erinnere dich, dass die Erkenntnis, der Schatz, bereits die ganze Zeit in deinem Besitz war und immer sein wird.«

Mit diesen Worten gab sie Lilith den rotglänzenden Apfel der Erkenntnis. Sie nahm ihn an und legte ihn an die Stelle ihres Herzens, wo er in ihr verschwand. Ein warmes, von Liebe erfülltes Gefühl breitete sich in ihr aus. Die Welt des kollektiven Unterbewusstseins verschwand und mit ihr die Sterne, mit ihr Ada und all die Wesen, die ihren Weg gekreuzt hatten. Alles wurde zu Einem und verband sich in ihr zu Lilith, der Grafikdesignerin, zu Lilith der Frau, die sich ihrer Weiblichkeit bewusst ist.

Gemeinsame Schöpfung

»Dreamed of para-para-paradise.« Sie summte fröhlich, als Adam das Büro betrat. Sie war glücklich. Endlich ergab alles einen Sinn. »Adam, mir ist einiges klar geworden.« Ohne Umschweife sprach sie ihn an.

»Okay, sprich weiter«, sagte er. Die Neugier in seiner Stimme war kaum zu überhören. »Ich habe auch etwas zu sagen, aber fang du gerne an«, fügte er hinzu und schwieg. Das sah ihm gar nicht ähnlich, zu schweigen.

»Wir könnten ein wirklich gutes Team sein, du und ich«, begann Lilly.

»Sind wir das denn nicht schon?« Adam war sichtlich verwundert.

»Nein, das sind wir nicht. Bisher haben wir jeder für sich gearbeitet und dann haben wir gegeneinander unsere Entwürfe vor Mighty gepitched. Wo ist da der Teamgeist? Das ist ein Wettkampf. Und ich wollte immer gewinnen, sein wie du: stark, rational, selbstbewusst, etwas dominant sogar, doch das lag mir nie so wirklich, ich spielte eine Rolle, die nicht meine war, verstehst du?«

Adam schwieg einen Moment. Darüber musste er nachdenken. Ähnliches hatte er zu ihr sagen wollen, zumindest der Teamgedanke war ihm auch die letzten Tage immer mehr aufgefallen. Sie hatten miteinander ko-kreiert, ein gemeinsames Projekt entstand, was vorher nie der Fall gewesen war.

»Ich denke, ich verstehe zumindest ansatzweise, was du meinst. Allerdings, all diese Eigenschaften, die du genannt hast, sind doch im Business nicht verkehrt, oder?«

»Sind sie nicht, trotzdem habe ich gemerkt, dass ich mehr ich selbst sein darf, wenn wir zusammen Großartiges erreichen wollen. Empathischer, emotionaler, ja, auch weicher kann man sein. Ich darf die verspielteren, ästhetisch anderen Dinge denken, dafür denkst du in Bahnen, die ich nicht gleich erreiche. Gemeinsam sind wir stark!«, verkündete sie stolz und fuhr fort: »Lass uns dieses Projekt gemeinsam zum Erfolg führen, als ein Team, nicht als Konkurrenten, bitte.«

»Lass uns das Ding zusammen rocken. Unser Entwurf von gestern war noch nicht alles, oder was denkst du?« Adam war sichtlich motiviert, er grinste breit, als er das sagte. Auch Lillys Herz klopfte, wie es lange nicht geklopft hatte. Sie begannen mit Hochdruck zu arbeiten. Die Zeit verflog. Sie waren im Flow. Den bestehenden Entwurf nahmen die beiden als Basis und verbesserten ihn.

Am Vortag waren sich alle einig gewesen, dass der Entwurf zwar gut war, aber noch nicht hundertprozentig den Nagel auf den Kopf traf. »Irgendetwas fehlt, oder was meinst du?«, fragte Lilly ihren Partner.

»Ja, definitiv«, gab Adam grübelnd zurück. Beide standen vor ihrem Whiteboard. Es war bis auf den aktuellen Entwurf mit dem Apfelkern vollkommen leergeräumt. Das Logo mit dem sternenartigen Apfelkernapostroph starrte zurück, darauf wartend, finalisiert zu werden. »Ganz ehrlich?«, begann Lilly zögerlich und leicht deprimiert: »Das Ganze könnte doch auch jeder andere Apfelhof sein, der eine besondere Apfelsorte anbaut und auf einen Apostroph endet, oder nicht?«

»Markus' Apfelhof«, bestätigte Adam ebenfalls leicht geknickt.

Lilly legte Adam die Hand auf die Schulter. »Komm, lass uns noch einmal in Illustrator schauen. Diesmal machst du das aber.« Sie zwinkerte ermutigend.

Apfelmus
Apfelkuchen! Yummy!
Schlange im Apfel
lecker!
docius! serpentes!
APFELOPI
Schhhh...
S'
SERPENTES serpentes
serpentes
APFEL
serpentes'
SERPENTES'
Apfelblüten
SERPENTES'
APFELHOF
cool! mega!

»Na gut, wir wollten ja voneinander lernen, richtig?« Er nickte und richtete seinen Blick auf den Bildschirm. Mit einem schnellen Doppelklick öffnete er das besagte Grafikprogramm.

»Richtig«, bestätigte sie ebenfalls nickend.

Eine schlichte, serifenlose Typografie verbunden mit dem Bildzeichen des Querschnitts eines Apfels, sie hatten alles gemacht wie geplant. Was hatten sie übersehen?

»Pack doch mal die Kerne an und schieb sie noch etwas nach links, bitte«, forderte Lilly Adam auf. Er tat sich sichtlich schwer mit Illustrator umzugehen, gab sich aber die größte Mühe. Es schien ihm sogar etwas Spaß zu machen.

»Mist, tut mir leid. Ich habe das einfach noch nicht raus«, sagte er frustriert. Er hatte versehentlich nur einen Kern markiert und ihn viel zu weit nach links geschoben. »Ich mache das wieder rückgängig«, ergänzte er hastig.

»Moment.« Lilly hob die Hand. »Schau doch.«

Er wandte den Blick zum Bildschirm. Der versehentlich verschobene Apfelkern war auf dem letzten S von SERPENTES gelandet und verbreiterte ergänzend den oberen Schwung des Buchstabens zu einer Art …

»Schlange!«, sagten beide wie aus einem Mund. Das war es! Beide schauten sich lächelnd an. Das war das Detail, welches das Logo perfekt machte. Die Kirsche auf der sprichwörtlichen Sahne. So entstand nicht nur eine individuelle Schriftgestaltung, sondern auch ein Akzent, der speziell auf Serpentes zugeschnitten war, und das, ohne dabei negative Emotionen hervorzurufen. Es war mehr ein Augenzwinkern, eine versteckte Botschaft, die man erst auf den zweiten Blick erkannte. Genial. Diesmal wirklich! Die beiden druckten den Entwurf aus und bereiteten freudestrahlend die neuen Mockups vor. Sie waren unglaublich stolz auf sich. Es fühlte sich fantastisch an, ein echtes Team zu sein.

15:55 Uhr. Kundentermin. Gekauft. Herr Serpentes war begeistert. »Es macht mich glücklich, zu sehen, was Sie aus meinem Namen gemacht haben. Traditionell und modern zugleich. Und glauben Sie nicht, dass ich das mit der Schlange nicht verstanden hätte«, sagte Herr Serpentes schelmisch und wirkte überhaupt nicht mehr so distanziert wie am Anfang. Auch Anatol Mighty war sichtlich stolz auf beide und bemerkte, dass die Zusammenarbeit ein ganz neues Level erreicht hätte.

»Gut gemacht, wirklich gut gemacht. Ich habe nichts anderes erwartet«, sagte er und schaute dabei zum ersten Mal direkt Lilly an, dann Adam, und klopfte beiden anerkennend auf die Schulter. Alle waren glücklich und diesmal nahmen beide einen Apfel zum Dank entgegen und bissen direkt herzhaft hinein. Sie hatten eine Erkenntnis gewonnen, gemeinsam, und konnten sich nun zusammen auf den Weg ins nächste kreative Abenteuer machen.

»Ach, Adam, sag, was hast du mir eigentlich vorhin erzählen wollen?«, fragte Lilly neugierig, als sie nach Feierabend in Richtung Aufzug schlenderten.

»Ach so, dass ich einen Traum hatte. Du wirst es nicht glauben, ich war eine Frau und du warst ein Mann und … wir waren auf der Suche nach einem Schatz … na ja,

lassen wir das.« Adam, ihr geschätzter Kollege schüttelte schmunzelnd den Kopf und umarmte Lilly herzlich. »Sagen wir so, ich habe die letzten Tage viel gelernt, und ich freue mich über unsere gemeinsame Arbeit.«

Lilly lächelte ihn an, ebenfalls dankbar für die Erkenntnisse der vergangenen Tage und Nächte. Sie konnte sich ein breites Grinsen nicht verkneifen.

Zu Hause angekommen, atmete sie erleichtert aus und streichelte, noch bevor sie ihre Handtasche abstellte, erst einmal Maunzi, der schnurrend um ihre Beine strich. Lilly legte die Tasche behutsam beiseite. Alles schien plötzlich langsamer zu sein, sie fühlte sich sehr achtsam in diesem Moment. Sie kniete sich hinunter zu Maunzi und streichelte seinen Kopf, den er wieder und wieder ihrer Hand entgegenstreckte. Nach einer Weile drehte er sich und schaute in Richtung Wohnzimmer. Dann sah er Lilly an. »Mau«, kam wie ein Schlusswort aus seinem Mäulchen.

»Was hast du nur immer mit dem Wohnzimmer? Kannst du mir das mal sagen?«

»Mau.« Er lief langsam los, blieb nach einigen Schritten stehen und schaute zu Lilly zurück, die ihn regungslos beobachtete. Als der Kater sich der Aufmerksamkeit seines Frauchens sicher war, setzte er seinen Weg fort. Lilly, die es ausnahmsweise weder eilig hatte noch von bedrückenden Gedanken abgelenkt war, folgte ihrem Stubentiger. Mit einem dritten »Mau« sprang Maunzi auf den Kompostiersessel und schaute seine Dosenöffnerin fordernd-schnurrend direkt an. Lilly dämmerte es allmählich. Maunzi war es die ganze Zeit um dieses Möbelstück gegangen, dieser Sessel, den Lilly eigentlich dazu hatte nutzen wollen, in ihm zu entspannen und mit Gedanken und Ideen schwanger zu gehen – zu kompostieren, Nährstoffe freizusetzen. Ein Ort, der ihrer Kreativität und ihrer Seele guttat.

In diesem Moment merkte sie, wie dringend sie sich einen solchen Ort gewünscht hatte, und dass sie diesen Platz die ganze Zeit in greifbarer Nähe gehabt hatte.

Die Sehnsucht ließ sie zum Sessel gehen und die Katze auf den Arm nehmen. Sie setzte sich auf das wunderbar weich-durchgesessene Möbel und atmete auf, alles in ihr entspannte sich. »Danke Maunzi, dass du mich so vehement darauf aufmerksam gemacht hast, was mir guttut, und nicht aufgegeben hast, obwohl dein Frauchen manchmal so begriffsstutzig ist.« Lilly drückte ihr Gesicht in sein kuscheliges Fell und gab Maunzi einen Kuss. Der Kater schnurrte auf ihrem Schoß angekommen und Lilly verlor sich in Gedanken, durchlebte die Bilder der letzten Tage und Nächte, sah alles wie einen kleinen Film vor sich.

Erst jetzt, wo die Gedanken Zeit hatten, umherzustreifen, fiel ihr ein, dass sie in ihrem Studium einmal etwas gelesen hatte, etwas über kreative Persönlichkeiten. Ein ungarischer Psychologe mit einem unaussprechlichen Namen hatte die Theorie aufgestellt, dass alle Kreativen eine komplexe Persönlichkeit gemeinsam hätten. Sie, die Kreativschaffenden, konnten Gegensätze miteinander in Einklang bringen, hatte sie damals gelernt. Und das war, was die Träume sie gelehrt hatten, dass es nicht nötig war, sich auf eine Seite der Medaille zu schlagen, dass es nicht nötig war, sich mit seinem Teamkollegen zu duellieren. Ko-Kreation: Ko-Kreation nicht nur zwischen den gegensätzlichen Stärken in ihr, sondern auch im zwischenmenschlichen Sinne, das war es, worauf es ankam, was das Leben zu einem liebenswerten, kreativen Abenteuer machte. Sie freute sich von ganzem Herzen auf die nächsten Projekte mit ihren neuen alten Fähigkeiten, mit Adam, mit sich selbst und der Weiblichkeit in ihr.

Mit dem einschläfernden Schnurren von Maunzi im Ohr und Dankbarkeit im Herzen sank Lilith allmählich in einen tiefen, friedlichen Schlaf.

Gegensatzpaare nach dem Psychologen
Mihaly Csikszentmihalyi

Musenküsse

Wie Adam und Eva gemeinsam Leben erschaffen,
so co-kreieren Weiblichkeit und Männlichkeit gemeinsam
Neues und Wertvolles. Lass dich von dieser Geschichte
inspirieren und feiere die Komplexität deiner Persönlichkeit.

Zelebriere in dir:
Energie und Ruhe,
Klugheit und Naivität,
Freude und Leid,
Disziplin und Verspieltheit,
Realitätssinn und Fantasie,
Extrovertiertheit und Introvertiertheit,
Stolz und Demut,
Unabhängigkeit und Tradition,
Objektivität und Leidenschaft.

Und nicht zuletzt, lass
Männlichkeit und Weiblichkeit
in dir erstrahlen.

Über die Autorin

Ich wurde am 18. Juli 1988 in der mittelalterlichen Kleinstadt Rothenburg ob der Tauber geboren. Aus eigener Erfahrung weiß ich, wie es ist, den Weg einer kreativen Persönlichkeit zu beschreiten, und weiß, mit welcher Zerrissenheit dieser Weg oft einhergeht.

Anders denken zu wollen, sich dennoch danach zu sehnen, dazuzugehören, nicht zu wissen, was mit einem nicht stimmt, weil man den ganzen Tag am liebsten kreativ sein möchte, statt Erwachsenenkram zu erledigen. Den Weg einer Kreativschaffenden zu gehen war dabei nie optional. Vielmehr war diesem Weg zu folgen, schon immer ein innerer Drang meiner selbst. Ich gestalte, seitdem ich einen Stift halten kann. Als Grafikdesignerin (M.A.) und Illustratorin helfe ich Firmen und Selbstständigen dabei, für ihre Lieblingskunden sichtbar zu werden, entwerfe und gestalte maßgeschneidert im Sinne der Unternehmenswerte zum Beispiel Logos, Visitenkarten, Flyer, Broschüren, Autobeklebungen und vieles mehr. Meine Spezialität ist eine einzigartige Mischung aus handgefertigten und digitalen Elementen. Ganz Frau zu sein, der eigenen Weiblichkeit, den eigenen Träumen bewusst zu folgen und andere dabei zu inspirieren und zu unterstüzten, ist mein von Herzen kommendes Anliegen – Freude an Inspiration.

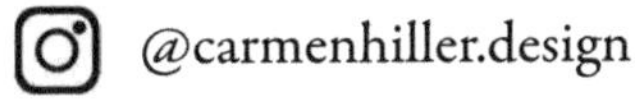

Danksagung

Danke der wundervollen Professorin Martina Wetzel, der Betreuerin meiner Masterarbeit, die als Basis für diese Geschichte diente. Du bist eine wundervolle Mentorin und hast mich stets liebevoll bei diesem und zahlreichen weiteren Projekten mit Rat und Tat unterstützt. Danke auch meinem Zweitbetreuer Niels Schröder, der mich ermutigte, direkt einen Verlag für mein Werk zu finden. In diesem Zuge danke ich außerdem von ganzem Herzen meinem „Pitstop-Team", bestehend aus befreundeten GrafikdesignerInnen, die mich intensiv bei der Entstehung dieser Geschichte begleitet haben und mich stets stärken und ermutigen, auch in harten Zeiten: Veronika Herberger, Stella Aschenbrenner und Michael Bahlmann.

Ein liebevoller Dank gilt meiner Mutter Birgit Hiller, die all meine Werke für mich mit als erste liest und meinen kreativen Werdegang gemeinsam mit meinem Vater, Hans Hiller, und meinem Bruder, Hendrik Hiller, stets bedingungslos unterstützt. Ich danke euch und allen weiteren Herzensmenschen, die Familie für mich sind. Unter ihnen gilt meinem besten Freund, Benjamin Metzler, ein besonderer Dank. Danke für dein offenes Ohr in allen Lebenslagen, auch während der Entstehung dieses Werkes. Danke allen fleißigen Probelesern und Probeleserinnen für die Unterstützung und das hilfreiche Feedback, das maßgeblich zur Qualität der Geschichte beigetragen hat. Ein spezieller Dank geht an Nadine Krauß, die den Begriff des Kompostierens während zahlreicher Gespräche über das Leben und das Menschsein für mich geprägt hat. Danke, lieber Michael Kamleiter, dass ich mit dir den Wert von Co-Kreation zwischen männlichen und weiblichen Stärken im kreativen Prozess zum ersten Mal erleben durfte. Die Inspiration bleibt.

Mein Dank gilt außerdem meinen Verlegerinnen Sarah Scherber und Stamatia Mezarli, die an mich und den Wert der Botschaften hinter meinen Werken glauben. Danke für euer Vertrauen. Danke an Christine Krokauer für das fachlich fundierte und von Herzen kommende Vorwort, sowie die feinfühlige Begleitung meiner Entwicklung. Danke, Ria Raven und Anja Koda für eure geduldige und fachkundige Unterstützung im Zuge der Covergestaltung und des Lektorats.

Der übergeordnete Dank geht an Carl Gustaf Jung und Mihály Csíkszentmihályi für ihre wertvolle Arbeit im Sinne der menschlichen Psyche, die als wissenschaftliche Grundlage für dieses Werk dient. Ebenso danke ich in unserer aller Namen von ganzem Herzen der Weiblichkeit. Auf dass sie unsere stete Begleiterin sein möge.

Der Gedankenkunst Verlag ist Dein Verlag rund um Persönlichkeitsentwicklung und Fantasy.

Gemeinsam kreieren wir großartige Werke.
Und erschaffen Bücher, die Menschen etwas bedeuten.
Uns ist es wichtig, wertschätzend und loyal zu sein.
Wir? Das sind Stami und Sarah, die beiden Gründerinnen des Gedankenkunst Verlags.
Du möchtest mehr über uns, unsere Bücher und unsere Vision erfahren?

Dann folge uns auf Instagram und werde Teil unserer Bewegung aus lesbarer Gedankenkunst, voll besonderer Bücher und Geschichten mit Bedeutung.

Wir freuen uns schon sehr auf Dich!

@ gedankenkunstverlag
# seiDeinEigenerHeld